Vater Mitrophan

Ohnmächtig lebt der Glaube

Vater Mitrophan

Ohnmächtig lebt der Glaube

Ein Athos-Mönch erlebt Rußland

Verlag Styria

Aus dem Serbischen übersetzt von Ksenija Protić, München.
Der Titel der Originalausgabe lautet
SVETA RUSIJA U SOVJETSKOM SAVESU
und wurde herausgegeben vom Manastir Hilandarac,
Sveta Gora 1987.
Die Übersetzung des Vorwortes aus dem Russischen
besorgte Maria Razumovsky.

CIP-Titelaufnahme der Deutschen Bibliothek

Mitrofan:
Ohnmächtig lebt der Glaube : e. Athos-Mönch erlebt Rußland /
Vater Mitrophan. [Aus d. Serb. übers. von Ksenija Protić]. –
Graz ; Wien ; Köln : Styria, 1988
Einheitssacht.: Sveta Rusija u Sovjetskom Savesu <dt.>
ISBN 3-222-11855-8

Printed in Austria
Umschlaggestaltung: Zembsch'Werkstatt, München
Gesamtherstellung:
Druck- und Verlagshaus Styria, Graz
ISBN 3-222-11855-8

Inhalt

Vorwort

Vater Mitrophans Buch habe ich in einem Zug gelesen, ohne mich davon losreißen zu können. Diese Lektüre war für mich voll von manchmal sehr intensiven Erlebnissen. Alles, was hier steht, ist mir so vertraut, so nahe und teuer. Einige Zeilen ließen in mir wieder die Begeisterung der „ersten Liebe" auferstehen, die ich empfand, als ich mich zum ersten Mal in einem Kloster aufhielt, andere das Entzücken über die Schönheit und Demut der Volksseele, wieder andere brachten mich zum Weinen über das, was ich verloren habe, als ich emigrierte.

Wem anderen als einem Mönch vom Berg Athos, noch dazu einem Mönch aus einem serbischen Kloster, steht es zu, ein Buch über die russische Kirche zu schreiben? Seit jeher galt Athos für Russen, ebenso wie für andere Orthodoxe, als das Zentrum der Welt, als heiliger Boden. Dort, auf dem Berg Athos, schlägt der Puls der Geschichte des Geistes. Vor der Revolution wurde er Jahr für Jahr von Tausenden russischen Pilgern besucht; nach der Revolution, als Pilgerfahrten unmöglich wurden, blieb die geistige Verbindung bestehen oder wurde sogar noch stärker. Und im heutigen „atheistischen" Rußland wird Athos geschätzt und geliebt wie niemals vorher. Vater Mitrophan schreibt, daß er den geistigen Athos in den Herzen der einfachen russischen Gläubigen fand, und manchmal war dieser russische Athos echter als der griechische.

Vater Mitrophan kannte Rußland gut, seine Geschichte, seine Literatur, seine Menschen. Aber das, was er entdeckte, als er als „Pilger" in das heutige Rußland kam, übertraf alle seine Erwartungen. Vater Mitrophan wollte verewigen, was er sah; er trug unter dem Priestergewand heimlich einen Photoapparat. Aber die Photographie hat etwas Abschreckendes an sich – nicht umsonst ist die heutige materialistische Zivilisation die Domäne von Fernsehen, Videofilm und Reklame. Ohne die Wirklichkeit zu kennen, ohne je etwas selbst zu erleben, verwenden die Menschen Bilder, Schattenrisse, etwas Unwirkliches, Unernstes, Erfundenes. Die Photographie trägt den Tod in sich (so Roland Barthes), sie hält das Leben an, verwandelt es in ein totes Objekt. Sie profaniert, daher wird in orthodoxen Kirchen oft das Photographieren verboten. Vater Mitrophan wagte es nicht, die erschütternde, tränenüberströmte Schönheit betender Gesichter mit dem künstlichen Licht der Kamera einzufangen. Aber er vollbrachte etwas weit Größeres: er schrieb ein Buch. Er schuf ein künstlerisches Porträt des „heiligen Rußland". Als wahrem Porträtmaler (im Unterschied zum Handwerker) gelang es Vater Mitrophan, seine Gefühle in Worte zu kleiden und seine Begeisterung verständlich zu machen, dabei aber trotzdem künstlerische Askese zu bewahren. In seinen Schilderungen vereinigt sich Freiheit mit Genauigkeit: Nur ein gläubiges Auge kann Gott schauen, nur eine von Beben und Reue erfüllte Seele kann eine andere, von Trübsal niedergedrückte und nach Gott dürstende Seele verstehen und beschreiben.

Eine Photographie fixiert die Realität zufällig und unvollständig, wahres Künstlertum wählt das Wichtige aus. Nie wird man einzelne Seiten und Bilder aus diesem Buch vergessen: Ein Meer von Tränen, in dem sich das Licht von Kerzen und Lichtern vor den Heiligenbildern spiegelt – das ist der Platz, an dem gebeichtet wird. Aus diesen Tränen lebt die Kirche. Oder der ewige russische Wanderer, der still und gottesfürchtig neben der Kirche kniet. Oder Szenen volksverbundener, kindlicher Freude, das fromme Bemühen, das Heiligtum zu berühren. Und überall die unbeschreibliche Schönheit der Reue.

Manchmal sind diese Bilder so plastisch herausgearbeitet, daß man sagen möchte: Das ist nicht nur Kunst, nicht nur Malerei, sondern eine Ikone. Wie ein echter Ikonenmaler erblickte Vater Mitrophan Rußland aus der geistigen, anders gesagt: aus der „umgekehrten“ Perspektive. Die „direkte“ Perspektive ist ein Blick von der Seite – solche Bücher über die russische Kirche wurden sehr viele geschrieben. Wenn man sie liest, denkt man, daß es den Autoren egal war, worüber sie schrieben; mit gleichem Resultat hätten sie auch etwas über australische Volksstämme verfassen können. Vater Mitrophan schreibt aus dem Inneren, aus dem Herzen. In der umgekehrten Perspektive der Ikone ist es Gott, der auf den Ikonenmaler und das Kirchenvolk blickt. Nur in Gott und in seiner Kirche sind echte Begegnung, Verständnis und Liebe möglich.

Wovon handelt dieses Buch? Was war für den Athos-Mönch, der zum ersten Mal in das geheimnisvolle Rußland kam, die wichtigste Entdeckung? Diese Entdeckung wurde für ihn das russische *Volk*.

Natürlich hatte Vater Mitrophan auch in Griechenland und in Serbien gute Klöster, heiligmäßige Mönche (Starzen) und fromme Gläubige kennengelernt. Aber erst in Rußland, wo es nur wenige Klöster gibt, die aber von Millionen unglücklicher Menschen geliebt werden (welche außer der Kirche nichts besitzen), verstand Vater Mitrophan, was der Begriff „Volk Gottes“, d. h. Kirche, bedeutet. Die Kirche ist eine Kraft und ein Band, wie es auf der Welt kein zweites gibt. Sogar der Teufel wird seine Sünden bereuen, wenn er in die Kirche kommt, so intensiv und demütig wird in den russischen Kirchen gebetet. Dort ist es gedrängt voll: sowohl im buchstäblichen Sinn, denn es ist oft unmöglich, die Hand zu erheben, um das Kreuzzeichen zu machen, als auch im geistigen – die Anziehungskräfte, die von dort ausgehen, können einen Stein zum Weinen und jedes Eis zum Schmelzen bringen.

Vater Mitrophan versteht, woher ein solches Aufblühen des Glaubens in einem Staat kommt, in dem seit Jahrzehnten die Gläubigen mit grausamsten Methoden ausgerottet wurden. Er schreibt über die Gnaden des Kreuzweges, über die Leiden, die von den Gläubigen klaglos auf sich genommen werden, als Strafe für ihre Sünden, als von Gott gesandte Versuchung. Und hier findet Vater Mitrophan ein passendes, nicht abgegriffenes Bild: Bei seinem Aufenthalt in den Katakomben des Kiewer Höhlenklosters erweist er seine Reverenz auch anderen, tieferen und schrecklicheren Katakomben, jenen der sowjetischen Geschichte, in denen Millionen umgekommen sind: den Gulags, dem teuflisch schlauen und unsagbar unmenschlichen sowjetischen Atheismus. Millionen wurden zu Märtyrern; jene, die am Leben blieben, wandelten die teuflische Askese des Alltags in einen stillen und manchmal sogar freudigen Kreuzweg um.

Mit klopfendem Herzen stelle ich mir vor, wie jene neun „Himmelsbewohner" (denn für uns ist ein Mönch ein Engel in Menschengestalt) in ihren Mönchskutten in den Straßen meiner gequälten Heimatstadt Leningrad erschienen. Dort, wo kein Priester, kein „sowjetischer" Mönch die ihm zustehende Kleidung tragen darf. Mitten im Trubel, der Nervosität und der Farblosigkeit des Alltagslebens zeigen sich plötzlich wie im Traum, abgesandt vom heiligsten Ort, den es auf der Welt gibt, Gärtner aus dem Garten der Mutter Gottes. Im Westen sind wir leider daran gewöhnt, daß Geistliche die Kleidung ihres „Berufs" tragen. Aber es gibt auch Priester und Mönche, denen es unangenehm ist, sich in langen schwarzen Gewändern auf der Straße zu zeigen. Ganz anders ist es in Rußland, wo die kirchliche Kleidung

Ausdruck eines geheimnisvollen, unirdischen Inhalts ist, der an ein anderes wichtigeres Leben erinnert, vor dem alle unsere Kümmernisse und Probleme nichts sind als Kleinigkeiten. Ich erinnere mich, daß meine Freundin und ich, als wir einmal in Leningrad auf der Straße einen aus dem Ausland kommenden Priester sahen, zu ihm gingen und um seinen Segen baten (und unserem Beispiel folgten andere, so daß sich eine ganze Menschenmenge ansammelte). Und einer meiner Bekannten stürzte sich in Leningrad auf der Straße auf einen westlichen Geistlichen mit der Bitte, ihm hier auf der Stelle die Beichte abzunehmen.

Vater Mitrophan war für Rußland wie ein vom Himmel gefallenes Geschenk. Er war für unser Volk „die wichtigste Person", nach deren Bekanntschaft man vor dem Sterben keine Angst mehr hat. Ich als Neophytin, die noch Gebete mit Gebärden verwechselte, kam zur Kirche als „Arbeiterin der elften Stunde", d. h., ich war dort die allerletzte. Noch kurz zuvor hatten Jugendliche wie ich Steine gegen Priester geworfen und gläubige alte Frauen ausgelacht. Deshalb war manchmal das Verhalten dieser alten Frauen uns gegenüber etwas zurückhaltend (was sich aber bald änderte). Und wieder enthüllte sich die Grenzenlosigkeit der Liebe, die im Gleichnis vom Weinberg zum Ausdruck kommt, die österliche Freigebigkeit des Schöpfers, der alle ohne Unterschied zu seinem Festmahl einlädt: Vater Mitrophan und ich Sünderin sahen das gleiche, wir kosteten von der gleichen himmlischen Speise, wir bereicherten und stärkten uns für das ganze Leben in den gleichen russischen Klöstern. In unserer orthodoxen Kirche ist der Begriff der Hierarchie noch nicht verschwunden, und in ihrem Rahmen bleibt der Gehorsam die grundlegende Tugend. Dennoch gibt es in der Kirche keine Niedrigeren oder Höheren, keine letzten und keine ersten.

Durch die Gnade wird alles ausgeglichen, alle werden durch die Liebe an Kindes Statt angenommen und durch die Demut erhöht.

In dieser Atmosphäre der Gnade sind Wunder keine Seltenheit, sondern etwas Alltägliches. Ihre Grundlage ist das kindliche Vertrauen. In der Logik der Kirche treffen sich die Parallelen, und der gesunde Menschenverstand erleidet nicht selten Niederlagen. Im Westen ist es z. B. schwer verständlich, daß sich Vater Mitrophan nicht für eine inoffizielle „Untergrundkirche" begeistert (so etwas gibt es in Rußland einfach nicht), sondern für die völlig „offiziellen" Klöster und Bischöfe. Hier zerstört Vater Mitrophan den im Westen populären Mythos, daß alle Bischöfe in der Sowjetunion dem KGB dienen. In der westlichen, oft einseitig politischen Perspektive werden die Probleme des russischen Lebens (die manchmal schwer, manchmal segenbringend sind) nicht erkannt, z. B. das „Geheimnis der Kompromisse", worüber Vater Mitrophan so weise schreibt. Ja, es gibt das große Geheimnis des Hirtenamtes und der Seelenführung. So ist es für einen westlichen moralisierenden Menschen schwer verständlich, warum der heilige Starez I. einer meiner Freundinnen den Segen dazu gab, in den geheimen Nonnenstand zu treten, und einer anderen, die eine Lehrerin des Marxismus-Leninismus war, ihren Unterricht weiter fortzusetzen. Der russische orthodoxe Gläubige nimmt jeden Rat eines Starzen dankbar und in vollem Vertrauen an und bemüht sich nicht, „durch seinen Verstand" das Rätsel zu lösen. In der neuesten „Gorbatschowschen" Zeit, wenn alles der Kritik und dem Zweifel unterworfen wird, sind natürlich auch bei uns Dutzende von Neophyten aufgetaucht, die die „passive" und „mit dem KGB paktierende" Hierarchie kritisieren. Aber diese jungen Leute werden mit Recht vom Großteil der Intellektuellen und vom gesamten Kirchenvolk verurteilt. Für uns sind sie einfach noch nicht zur Kirche gekommen. Vater Mitrophan verbirgt nicht, daß er in eine Welt der Polarität kam – rundherum entdeckt er Spruchbänder und langweilige Plakate, die die „Weisheit der Partei" preisen, er sieht böse Gesichter, Warteschlangen, hört grobe Reden. Aber diesem Druck von oben widersteht ständig die Kirche mit ihrer unerklärlichen Anziehungskraft. Wo, in welchem anderen Land ist der Durst nach Gott so groß, wo wird das Mönchtum so geschätzt, genießt Heiligkeit eine so große Verehrung? Wo gibt es noch Augen, in denen die Sehnsucht nach dem himmlischen Vaterland größer ist, Hände, die mehr danach streben, aus priesterlichen Händen den Segen zu empfangen? Vater Mitrophan ist gerührt und erschüttert. Begeisterung, Ergriffenheit, Tränen, trotzdem nichts Künstliches, Überspanntes, Hysterisches. Es ist ein junges, gesundes Volk, das durch Leiden nicht getötet, sondern eher gestärkt wurde. Vernichtet wurden nur die, die ein falsches Spiel, eine zweideutige Rolle spielten, die Atheisten und „Bevollmächtigten in Sachen Religion". Das sagt Vater Mitrophan, der aufmerksame Beobachter, der solche „Bevollmächtigte" schon früher kennengelernt hat. Sie ähneln sich alle wie Zwillinge. Das ist eine künstliche, tote und abstrakte Welt: Ideologie, Staat, Lüge, halbes Verschweigen, Diplomatie. Die wahre Welt ist die Kirche. Ihr Wachstum ist unerklärbar, sie entwickelt sich sogar auf dem lebensfeindlichen Eis, wie der Aaronsstab. Sie wächst unaufhaltsam und sichtbar, einfacher und organischer als ein Baum, ein Berg oder eine Blume. Ich bin Vater Mitrophan dafür dankbar, daß er mir noch einmal erlaubt hat, mich diesem größten aller Geheimnisse, der Kirche, zu nähern.

Tatjana Goritschewa

Einleitung

Die Sowjetunion war seit meiner Schulzeit und durch mein ganzes weiteres Leben (durch ihre Ideologie, ihre Gesellschaftsordnung und ihre Außenpolitik) in meinem Bewußtsein etwas, das sich nur aus der Perspektive der Apokalypse verstehen ließ. Meine Gefühle ihr gegenüber waren immer gespalten. Während das System mich fremd und unannehmbar dünkte und die unangenehmsten Vorahnungen hervorrief, war mir das russische Volk, so wie ich es durch seine Klassiker, die Literatur, aus der Geistesgeschichte der russischen Kirche und durch seine Mystiker kannte, sehr nahe, teuer und Gegenstand einer großen kosmischen Hoffnung. Als ich Mönch auf dem Athos wurde, reduzierte die Isolation von der Welt auch mein Interesse an dieser „Weltmacht".

Als das Patriarchat in Moskau eine Delegation vom Athos einlud, die russische Kirche zu besuchen, befand auch ich mich unter den neun Mönchen, die fahren durften. Hier sei erwähnt, daß die Athos-Gemeinde, weil sie das „Intercommunio 1969"-Abkommen* ignorierte, offiziell keine Vertreter nach Rußland schicken wollte. Sie gab aber ihren Segen, wenn man als Gast des russischen Klosters des heiligen Panteleimon auf dem Athos dorthin fuhr.

* Dieses Abkommen beinhaltet, daß ein Katholik oder Altgläubiger, der keine Möglichkeit hat, in seiner eigenen Kirche die Kommunion zu empfangen, in Ausnahmefällen (Krankheit, Alter, zu erwartender Todesfall), wenn er die Kommunion auf dem Territorium der russischen Kirche von einem russisch-orthodoxen Priester verlangt, nicht abgewiesen werden darf. Dies gilt auch umgekehrt.

Erste Eindrücke von Rußland

Wir flogen mit der „Aeroflot" von Athen nach Moskau. Die letzte halbe Stunde des Fluges war ein Erlebnis besonderer Art: Das Flugzeug flog niedrig und scheinbar langsam, unten sah man viele Seen, Flüsse, Wälder. Dann Moskau mit seinen acht Millionen Einwohnern. Der Flughafen, ein riesiges Areal; überall standen Flugzeuge. Das alte, nicht zu große Flughafengebäude wirkte beklemmend. Um uns Beamte, Bürger, Militär; alle schwiegen, und ihre Gesichter waren ernst, man könnte fast sagen, bedrückt. Wir warteten im Stehen. Es vergingen zwei Stunden. Nirgends eine Bank oder ein Stuhl. Jenseits der Absperrung standen in dieser nüchternen Atmosphäre, zwei Sonnenstrahlen gleich, die Archimandriten Jakow und Wladimir (Archimandrit = Abt eines orthodoxen Klosters). Der erste, Abt des Klosters von Potschaew, sollte uns auf der ganzen Reise als Vertreter des russischen Mönchswesens begleiten, während der andere, als Mitglied des Patriarchats, sich während unseres Moskauaufenthalts um uns zu kümmern hatte. Sie wirkten auffällig nicht nur wegen der Kamilavka (zylinderförmige Kopfbedeckung der orthodoxen Geistlichen) auf ihren Köpfen und den reichverzierten Kreuzen auf ihrer Brust, sondern auf Grund ihrer heiteren Gesichter und ihres leuchtenden Blickes.

Als wir den Flughafen hinter uns gelassen hatten, funktionierte die kirchliche Organisation weitaus besser als die dortige Passagierabfertigung. In drei großen „Tschaikas" (russische Automarke) fuhren wir über die breite Autobahn, auf der nicht viel Verkehr war. In der Stadt sieht man statt der Reklame überall Parolen über die Partei und die Arbeit. Alle diese Aussagen stehen im Futur! Wir erreichen den Kreml. Der Blick ist großartig! Kirchen, so weit man sieht, große und kleine. Selbst die kleinste Kirche fesselt die Aufmerksamkeit stärker und hat mehr zu sagen als die größten profanen Gebäude. Keine dieser Kirchen „arbeitet". Sie werden als Kulturdenkmäler bezeichnet, doch nicht instand gehalten. Nur im Kreml selbst bemüht man sich ein wenig mehr.

Unterbringung im Hotel „Rußland" mit 6000 Betten. Wieder müssen wir das administrative Verfahren abwarten, aber das macht nichts. Unsere Gedanken sind schon in der Dreifaltigkeits-Lawra des heiligen Sergej (Lawra nennt man ein größeres Kloster). Ihr Patronatsfest, erst in fünf Tagen, am 18. Juli, war auch der Anlaß für unsere Einladung. Morgen wird man uns im Patriarchat das Reiseprogramm bekanntgeben.

Früh am nächsten Tag gingen wir zum Gottesdienst in die Auferstehungskirche, in der eine Kopie der wundertätigen Ikone des Athos-Klosters Iwiron aufbewahrt wird, die seinerzeit der damalige Patriarch Tichon malen ließ. Wir sprechen vor ihr, unserer Athos-Äbtissin, ein Dankgebet. Hier haben wir die erste Begegnung mit dem russischen Volk, dem Volk Gottes. Die heilige Liturgie wird von Vater Anatolij, einem jungen Priester, mit großer Hingabe gefeiert. Wir stehen im Altarraum und folgen seinem demutsvollen, andächtigen Zelebrieren.

Ein Chor von Blinden antwortet. Sie singen jeden

Tag, so daß sie eine engelgleiche Harmonie erreicht haben. Der alte Archimandrit, Vater Gerassim, Vorsteher der Kirche, steht in einer Ecke des Altarraums wie ein lebendiger Heiliger. Einige Menschen, die das Abendmahl empfangen wollen, haben sich dem heiligen Kelch genähert. Es befanden sich, wenn man bedenkt, daß es ein normaler Arbeitstag war, verhältnismäßig viele Menschen in der Kirche, vor allem ältere Frauen. Das älteste Mitglied unserer Gruppe sprach zur Gemeinde. Sie hörte regungslos zu. Wann immer er den Berg Athos erwähnte, bekreuzigten und verbeugten sich die Gläubigen. Vater Gerassim erwiderte unsere Grußworte mit Rührung und tränenerfüllten Augen, bekreuzigte und verneigte sich bei jeder Nennung des Heiligen Berges und das Volk mit ihm. Danach fing unser junger Vater Athanasios an, kleine Kreuze zu verteilen. Welch ein Anblick! Jeder der Anwesenden wollte dieses Geschenk vom Athos haben. Viele riefen „Batjuschka, Batjuschka“ – d. i. Väterchen – und zahllose Hände öffneten sich wie ein Strauß ihm entgegen. Wir waren so bewegt, daß unsere Augen feucht wurden. Auf dem Gesicht von Vater Anatolij zeigte sich ein seliges Lächeln. „Wäret ihr nicht überraschend gekommen und hätte man dem Volk angekündigt, daß Mönche vom Athos heute hier sein werden, kein Platz wäre in der Kirche leer geblieben“, sagte Vater Gerassim. Wir konnten kaum loskommen; jeder wollte den Segen haben und bat um unsere Gebete auf dem Athos. Aber wer kann beschreiben, wie diese „Babuschkas“ (alte Frauen) in rührender Weise von der Mutter Gottes den Segen für uns erflehten? Wir verließen sie; unser Weg führte uns weiter in das Außenamt des Moskauer Patriarchats.

Das Erlebnis, das hinter uns lag, war stärker als die Neugierde auf das, was uns bevorstand. Unsere Gedanken waren noch immer in der Kirche der heiligen Auferstehung, bei den Gottesdienern Gerassim und Anatolij, bei den „blinden Engeln“ und den Händen, die sich Vater Athanasios entgegenstreckten.

Wir kamen in eine eher ärmliche Gegend Moskaus und betraten ein niedriges Gebäude. Dem Tisch, an dem wir uns niedergelassen hatten, saß Erzbischof Chrysostomos vor, ein junger, intelligenter, autoritativer Mann von ausgesprochen gütigem und spontanem Wesen. Er vertrat den Metropoliten Juvenalij in dessen Abwesenheit und hieß uns mit seiner ausgewogenen, sicheren Stimme willkommen. „Über unser Land wird draußen in der Welt alles mögliche geredet. Es ist gut, daß Sie gekommen sind, um es kennenzulernen. Ein russisches Sprichwort sagt: Es ist besser, einmal mit eigenen Augen zu sehen, als siebenmal zu hören. Unser Land ist offiziell atheistisch, aber in ihm hat jeder das Recht, zu glauben oder nicht zu glauben. Wir als Kirche können keine Statistik erstellen, aber wir wissen, daß bei uns viele Millionen Menschen gläubig sind. Bei uns gibt es natürlich antireligiöse Propaganda, während wir als Kirche nur in den Gotteshäusern wirken dürfen. Aber unsere Gläubigen sind gestählt. Sie werden selbst sehen, wie wunderbar die Seelen unserer Gläubigen sind. Sie lieben die Kirche und kommen täglich. Sie mögen es gar nicht, wenn einer der jüngeren Priester versucht, den Gottesdienst abzukürzen. Sie werden in unserer Hauptstadt Kirchen besuchen; in vielen werden keine Gottesdienste mehr gehalten, weil sie in Museen umgewandelt worden sind. Aber in ihnen wurde gebetet – und in ihnen wird noch immer gebetet. Deshalb verläßt ein Ungläubiger ein solches ‚Museum‘ nach dem Besuch als besserer Mensch. Wir haben ein Programm für Ihren Aufenthalt gemacht; es ist voll und anstrengend. Gehen Sie damit je nach Neigung und Kraft um.“ Als er uns das Programm vorgelesen hatte, sahen wir, wie umfangreich und vielseitig es war, und beschlossen, es maximal zu nutzen.

Ein atheistischer Staat mit Millionen von Gläubigen

Gegen Abend gingen wir in die Allerheiligen-Kirche. Es war zur Zeit der Abendandacht. Das Bauwerk ist, wenn auch baufällig, von innen und außen wunderschön in seiner Reinheit und seinem alten Glanz. In der Kirche sind viele Menschen. Der Chor singt mit Hingabe. Der Priester begrüßt uns im Altarraum auf rührende Art und Weise. Nach beendetem Gottesdienst stellt er uns der Gemeinde vor. Hunderte von weitgeöffneten Augen sind auf uns gerichtet. Wir stehen rechts und links von der Königspforte, vor der Ikonostase, der dreitürigen, mit Ikonen geschmückten Bilderwand zwischen Altar und Kirchenschiff. Deren mittlere Tür wird *Königstür* genannt; sie versinnbildlicht das Himmelstor. Das Volk steht uns in erwartungsvoller Haltung gegenüber. Derjenige von uns, der diesmal an der Reihe ist, überbringt einige Botschaften und den Segen vom Heiligen Berg. Das Volk bekreuzigt und verneigt sich bei jeder Erwähnung des Athos. Wir sind in einer unglücklichen Lage – man hatte uns nicht gesagt, daß wir in eine Kirche gehen, die „arbeitet" –, so daß wir keine Geschenke mitgenommen haben, um sie unter das Volk zu verteilen.

Der Priester möchte uns den Haupt- und die zwei Seitenaltäre zeigen. Täglich werden zwei heilige Liturgien gehalten, an Sonn- und Feiertagen drei. „Es gibt für die vielen gläubigen Menschen zu wenig Kirchen, die ‚arbeiten'", sagt er uns.

Als wir wieder in das Kirchenschiff hinaustraten, war die ganze Gemeinde noch da. Die Gläubigen wollten unseren Segen, warteten mit gefalteten Händen und schauten uns voll Inbrunst an. Wir traten zu ihnen, und wieder, wie schon am Morgen in der Auferstehungskirche, netzten ihre Tränen unsere Hände. Was sind wir für sie? Sie wissen das besser als wir. Alles, was ihnen fehlt, sehen sie in uns, auch wenn wir das nicht unmittelbar und vollständig begreifen können. Deshalb gingen sie an diesem Abend auch zufrieden heim, während uns vielerlei Fragen quälten, die sich uns durch dieses und das morgendliche Ereignis aufdrängten.

Ein neuer Tag brach an. Laut Programm sollen wir zwischen 10 und 13 Uhr den Kreml besuchen und am Nachmittag in das Kloster Petschorij in der Nähe der Stadt Pskow fahren.

Im Kreml – Die sichtbare Konfrontation von Gott und Gottlosigkeit

Wir haben den Kreml unmittelbar vor uns. Aus den höheren Stockwerken des Hotels blicken wir direkt in seine Richtung. Überall Kirchtürme und Kuppeln, umschlossen von einer Mauer. Ist es möglich, daß sich aus dem Schatten dieser Heiligtümer die Gottlosigkeit in konzentrischen Kreisen weltweit ausbreitet? Wir brachen auf. Seit der Nacht fiel Nieselregen. Wir schlugen die angebotenen Taxis aus und gingen zu Fuß. Die Menschen schauten uns voll Verwunderung an, besonders im Kreml, wo ganze Massen in Bewegung sind, Einheimische und Fremde. Das ist verständlich – im großen Moskau gibt es wenig Priester. Selbst wenn sie ihre „Uniform“ anhätten, würden sie kaum bemerkt werden; außerdem dürfen sie diese nur in der Kirche tragen; außerhalb der Kirche sind sie in Zivil. Das Ziel des Kremls ist es, die Gegenwart der

Kirche nirgends in der Gesellschaft oder im täglichen Leben sichtbar werden zu lassen; das erleichtert die offizielle Erziehung der Massen. Und jetzt die neun Mönche mit der auffallenden Athos-Bekleidung! Der Kontrast ist nicht nur optischer, sondern auch geistiger Natur. Hier im Kreml, von dem seit siebzig Jahren die unermüdliche, vielfältige Verfolgung des Christentums ausgeht, gehen heute Mönche vom Heiligen Berg aufrechten Ganges im souveränen Gefühl ihres historischen Rechts, an diesem Ort die Panorthodoxie zu bezeugen. Diese wurde von hier aus durch die gesamte Periode der türkischen Herrschaft auf dem Balkan moralisch aufrechterhalten und materiell unterstützt.

Wir besuchten drei von mehreren Kirchen. Heute sind sie Museen. Kunsthistoriker hätten viel über sie zu sagen. Aber darum geht es gar nicht. Diese Kirchen haben eine eigene Sprache, die höher ist als die wissenschaftliche. Mit ihrem heutigen Zustand zeigen sie deutlich, wie tief der Mensch fallen kann; daß er seine geistige Identität verliert, tiefer als das Tier sinkt und gar zur Bestie wird, wenn er die Prinzipien seines eigenen menschlichen Wesens mißachtet, die gerade in der Kirche gehütet, in ihr gepflegt, aus ihren Gotteshäusern heraus gepredigt werden. Hat die Kirche und ihre mystische Kraft keinen Anteil an der Gesellschaft, dann entwickeln sich im öffentlichen Leben – wie Schimmel – Untertanengeist, Rücksichtslosigkeit und Überheblichkeit, so daß es der herrschenden Kaste nicht schwerfällt, souverän über eine Masse von ungetauften, ungeweihten Seelen zu herrschen.

Die Kirchen im Kreml sprechen auch ohne Kanzel, und ihre Stimme hallt in den russischen Seelen wider: „Väterchen, gehen Sie in den Altarraum und schauen Sie sich um. Ich darf nicht hinein, um Ihnen dort etwas zu erklären, ich bin eine Frau“, sagt die Fremdenführerin zu dem Priestermönch in unserer Gruppe.

In der Ostkirche dürfen nämlich Frauen den Altarraum nicht betreten. Die offizielle marxistische Erziehung hatte das aus dem Bewußtsein dieser jungen Frau nicht verdrängen können!

Auf dem Roten Platz erhebt sich eine der schönsten russischen Kirchen, unübertroffen in der demütigen Vornehmheit ihres Stils, erfüllt vom Geist göttlicher Geduld, nun verschlossen und vernachlässigt und vor den Augen der ganzen Welt verhöhnt wie der gefesselte Christus vor Pilatus – die Kirche des hl. Wassilij des Seligen. Hier, an diesem großen Schauplatz des russischen Dramas, konnte nicht eindeutiger die einseitige Rivalität der hochmütigen menschlichen Religion gegenüber der allverzeihenden göttlichen zum Ausdruck gebracht werden.

Auf dem Weg zurück ins Hotel „Rußland“ begleiten uns ein bedeckter Himmel, die düsteren Gesichter der russischen Menschen und unsere Niedergeschlagenheit.

Kloster Petschorij bei Pskow

„Pskow" – hörte man draußen rufen. Wir stiegen aus. Am Bahnsteig tauchte der Abt des Klosters Petschorij, der Archimandrit Gawriil, auf. Obwohl seine Erscheinung ausnehmend sympathisch und seine Haltung voller Würde war, begann ich, ihn wegen seines reichen Gewandes und seiner nicht gerade asketischen Gestalt vorschnell zu verurteilen. Ich entdeckte jedoch im Laufe dieses und des nächsten Tages, den wir im Kloster verbrachten, in ihm einen idealen Hirten nicht nur für diese große, gottgefällige Bruderschaft, sondern auch für viele tausend gläubige Seelen aus der näheren und ferneren Umgebung des Klosters.

Engelsgesang

Dieses Kloster entstand unter merkwürdigen Umständen. In jenen alten Zeiten hörten die Einwohner des benachbarten Dorfes oft „Engelsgesang" aus der dicht bewaldeten Schlucht. Einem der freien Bauern gelang es, von der Gemeinde dieses Gebiet zu kaufen und sich dort anzusiedeln. Der „Engelsgesang" hatte ihn zu einem geheimen Versteck, in dem Asketenmönche lebten, gelockt. Sie hatten in dieser Schlucht ihre Erdhöhlen und ihre gemeinsame unterirdische Kirche. Welch eine Seele und welch ein Schicksal hat Rußland doch!

Als sie uns an diesem Nachmittag durch das Kloster führten, fingen wir zuerst bei dieser Kirche an. Die Fassade, ihre einzige Außenwand, ist äußerst imposant gestaltet, während das ganze Kirchenschiff, der Altar und die „Paraklisen“ (kleine Kirchen in der Kirche) in den Berg hineingeschnitten sind. Vater Neophyt verteilte Kerzen und führte uns durch eine enge Tür aus dem Innern der Kirche in einen dunklen, kalten Tunnel. Er lenkte unsere Aufmerksamkeit auf die Wände. Dieser ganze Berg besteht aus einer Granitart, die sich leicht schneiden läßt, aber nicht porös, sondern kompakt wie Metall ist. Durch Jahrhunderte haben hier die Hände der Mönche ohne jedes Zeitgefühl gegraben und diese Räume geschaffen. Ohne einen Führer würde sich der Besucher hier verirren und in leichter Sommerkleidung erfrieren. Überall Gänge, wie in einem Labyrinth. In den Gängen wiederum Türen in den Wänden, Tafeln mit Inschriften, Altäre in den Apsiden. „Hier liegen alle unsere Väter, seitdem das Kloster besteht. Alle bis zum letzten sind hier und erwarten die ‚Allgemeine Auferstehung‘“, sagte Vater Neophyt. Jeden Samstag werden in den kleinen Kapellen dieser einzigartigen unterirdischen Welt Totenmessen gelesen und die Namen derjenigen erwähnt, die hier einzeln oder in Gruppen in den Gewölben liegen.

Wegen der häufigen Kämpfe zwischen den russischen Fürstengeschlechtern und den Angreifern aus Polen und dem Baltikum hat das Kloster in einem weiten Kreis hohe Mauern mit Türmen errichtet und stellte so im Mittelalter den stärksten Stützpunkt zwischen Riga und Nowgorod dar. Die Klosterchronik verzeichnet 500 abgewehrte Überfälle, gegen die sich die Gebete der Mönche und die Pfeile der Verteidiger siegreich miteinander verbanden.

Jeder Augenblick in diesem Kloster war für uns mit freudigen Eindrücken erfüllt. Die wunderschönen Gebäude, die unter den riesigen Wipfeln der hohen Bäume verstreut liegen, sind durch gepflegte Wege miteinander verbunden. Die Bevölkerung kommt den ganzen Tag über. Siebzig Mönche, jeder dient an seinem Platz. Im Hof, nahe der Kirche, befindet sich eine starke Quelle, aus der das Wasser aus zwölf Rohren herausfließt. Die Menschen trinken daraus. Im Schatten stehen mehrere Mönche mit Pilgern zusammen und sind in Gespräche vertieft: Quelle neben Quelle!

Wir werden auf viel Sehenswertes hingewiesen. Sie haben eine große Landwirtschaft. Ordnung und Sauberkeit fallen stark auf. Überall sieht man alte Männer und Frauen bei der Arbeit, Pensionäre, die freiwillig dem Kloster helfen, „für ihre Seele", wie sie uns sagten. Priesterkinder, die hier ihre Ferien verbringen, helfen ebenfalls, sei es als Meßdiener oder in der Küche. Eine engere Verbindung zwischen dem Volk und dem Kloster als hier läßt sich kaum vorstellen. Einer aus unserer Gruppe stellte Vater Neophyt die Frage, ob das Kloster vom Staat Unterstützung bekomme. Er lächelte und sagte: „Das ist nicht nötig. Das Volk hilft dem Kloster. Der Staat jedoch verlangt Steuern. Als diese zum ersten Mal erhoben wurden, dachten wir, sie nicht aufbringen zu können. Aber das Volk begann damals, uns noch mehr zu helfen. Unsere wirtschaftliche Sicherheit liegt im Gebet fürs Volk."

Als die letzten Sonnenstrahlen die „Schlucht" verlassen hatten, begannen die Glocken für die Kleine Vesper, den Abendgottesdienst, zu läuten. Morgen ist Mittwoch, der 16. Juli, der Feiertag des hl. Philip, Metropolit von Moskau, und heute die vorausgehende Vigil, der Nachtgottesdienst.

Der technische Vorgang des Läutens der Glocken im Kloster zu Petschorij ist ein Ritual eigener Art. Drei Mönche stehen in einem Erker des Glockenturms und schlagen mit den Händen auf gespannte Seile, die mit dem Pendel der kleineren Glocken auf dem Glokkenturm und einer festen Grundlage auf der Erkermauer verbunden sind, während zwei andere Mönche auf dem Hof mit ihrem rechten Bein mittels einer Schlinge am Seilende die großen Glocken bewegen. Alle fünf Mönche stimmen ihre Bewegungen so aufeinander ab, daß eine ganz bestimmte Klangmelodie entsteht. Die Klosteranlage und die Harmonie des Geläutes prägen sich tief in die Erinnerung der Besucher ein.

Der Abt hatte bestimmt, daß die Mönche vom Heiligen Berg am Nachtgottesdienst in der Kathedrale oberhalb der „Schlucht" teilnehmen. Sie ist ein großer Bau aus dem letzten Jahrhundert, der ausschließlich dem Gottesdienst für die Menschen von draußen vorbehalten ist. Uns wurde ein Platz in der großen Apsis des Altarraumes zugewiesen. Die Kirche war voll von Gläubigen; auf der Galerie stand ein großer gemischter Chor.

Uns Athos-Mönche interessierte vor allem, wie das russische Volk betet. Das, was wir an diesem Abend in der Nachtwache und am nächsten Morgen in der heiligen Liturgie erlebt haben, läßt sich mit Worten nicht beschreiben. Gleich den zahllosen Kerzen in der Kirche brannten auch die Herzen dieses Volkes im Gebet. Die Liturgen im Altarraum, zusammen mit dem Volk und dem Chor, waren wie ein Atem, ein Kreislauf und ein Gedanke – ein Wesen!

Wir beobachteten die Kleinen in der ersten Reihe vor dem Altar, wie sie zerknirscht dastanden, sich auf „russische" Art bekreuzigten, das heißt von Schulter zu Schulter, sich verbeugten wie die Erwachsenen, und dies vier Stunden lang. Weder lenkten sie sich gegenseitig ab, noch zogen sie Mutter oder Großmutter am Ärmel. Einer von uns beobachtete mit sichtlicher Erregung die engelsgleiche Haltung dieser russischen Kinder beim Gottesdienst und wendete sich dann an seinen Nachbarn mit den Worten: „Diese Kinder werden beim Letzten Gericht über uns Mönche vom Heiligen Berg richten. Bei unserer Nachtwache können wir nicht einmal eine halbe Stunde warten, ohne uns in unseren Gebetsstühlen anzulehnen; – schau dir sie dagegen an!“ Seine Stimme zitterte dabei.

Nach der 9. Ode wurde der Gottesdienst unterbrochen und die Handlung der Mönchsweihe eingefügt. Abt Gawriil sagte uns, daß er vor kurzem, am Tag der hll. Peter und Paul, sechs Mönche geweiht habe. Der neue ist ein junger Arzt, bereits der vierte in der Bruderschaft. Er erschien nun, geführt von einem älteren Mönch, im hinteren Bereich des Kirchenschiffes und schritt zum Altar. Hochgewachsen, schön und vertieft in sich selbst stand er vor dem Abt. Die Mönchsweihe an sich ist schon durch die bewegenden Texte und eindrucksvollen Rituale großartig, die Art jedoch, wie sie Abt Gawriil vollzog und wie er sich mit rührenden Worten an sein jüngstes geistiges Kind wandte, war für uns und vor allem für das gläubige Volk, das diesen neuen Streiter Christi aus sich heraus geboren hatte, ein Erlebnis, das unvergeßlich bleibt.

Das Volk hilft den Klöstern

Als die Vigil nach Mitternacht beendet war, wollten die Gläubigen (so ist es Brauch) das Gotteshaus nicht verlassen, bevor nicht die Priester und wir Gäste hinausgegangen waren. Draußen im Mondenschein drängte der Abt zur Eile. Wir sollten uns schnell in unsere „Schlucht" begeben, denn wenn das Volk einmal beginnt, sich von uns den Segen geben zu lassen, würden wir bis zum Morgen hier sein!

Unsere Behausung war ein einstöckiges Gebäude, das mit allem möglichen Mobiliar eingerichtet war. Man konnte sehen, daß die Spenden aus dem Volk kamen, denn die Sachen waren aus verschiedenen Stilrichtungen und unterschiedlichen Alters.

Eine alte Frau zeigte uns die für uns bestimmten Räume. Ihr gütiges Gesicht war hell und von einem sanften Lächeln übergossen. Während wir uns hin und her bewegten, saß sie am Ende des Flures und stopfte etwas neben einer Tischlampe. Sie mußte somit eine aus dem Kreis jener freiwilligen Helfer sein, die im Kloster Petschorij auf diese Weise ihre „Seele retten". Heute war sie die Diensthabende bei uns Gästen.

Hier braucht man keinen Schlaf. Schon die Atmosphäre bewirkt, daß man sich ausgeruht fühlt und die Kräfte erfrischt sind. Ich stand vor Morgengrauen auf, um, wie verabredet, mit Vater Atanasij zum „frühen Gottesdienst" in die alte Kirche zu gehen. In dieser erfüllt die Bruderschaft des Klosters ihre nächtliche Gebetsregel, und die Frühaufsteher aus der näheren Umgebung, wie auch die Pilger von weit her, die die Nacht in den Mauern des Klosters verbringen, können bei diesem Gottesdienst anwesend sein.

Die alte Frau legte ihre Handarbeit beiseite und kam zu uns, um den Segen zu empfangen. Als wir ihr sagten, wohin wir wollten, ging sie uns voran und schloß die Tür auf, und wir spürten die frische Luft, die vom Duft der üppigen Vegetation um uns her voll war.

Aus der Kirche unter dem Felsen schlug typisch russischer Gesang an unser Ohr. Einzeln, zu zweit oder zu dritt gingen Männer und Frauen eilig über den Hof und verschwanden im Eingang des Gotteshauses. Wir bogen von unserem Weg ab und gingen in dieselbe Richtung. Vor uns stand die blaue Kuppel mit goldenen Sternen darauf, die es innerhalb der Orthodoxie nur bei den russischen Kirchen gibt. Welch Einklang der Farben in dieser frühen Morgenstimmung! Als ob die Sterne am Ende der Nacht auf die Kuppeln heruntergestiegen wären und die Bläue der Kuppeln sich in die Höhen erhoben hätte. Auf der viereckigen Basis der größten Kuppel heißt das sanfte Antlitz Christi den Besucher willkommen. Auf der Fassade befindet sich ein Fresko, das die Himmelfahrt des Herrn darstellt, der dieses uralte Gotteshaus auch geweiht ist.

Wir schreiten langsam dahin. Wohin man sich auch wendet, was man auch betrachtet: Linien, Gegenstände, Gesichter, Bewegungen – alles ist mit der heiligen Liturgie verbunden, die jetzt im Gange ist. Die hohen Baumkronen neigen sich dem Gotteshaus zu. Auch die Büsche und Blumen scheinen sich zu ihm hinzuwenden. Die Quelle mit ihren vielen Verzweigungen flicht ihr Rauschen in die Harmonie dieses gesegneten Morgens.

Wir halten vor dem Eingang der Kirche an. Etwa zehn Schritte vor uns kniet unter dem Fenster der Kirche auf einem Stück Stoff ein Greis mit langem Haar und Bart – er betet. Das Profil seines Gesichts, seine Haltung, die Gebetsbewegungen, die Einsamkeit unter dem Fenster, die sanften Gesänge aus der Kirche – all das und die gesamte Atmosphäre des Kirchhofs war für uns eine einzigartige Vorbereitung auf das bevorstehende Ereignis in der Kirche selbst.

Gleich hinter der Kirchentür standen die Gläubigen dicht gedrängt. Sie rückten zusammen, um uns hineinzulassen. Langsam bewegten wir uns weiter. Dort, in der Tiefe dieser Höhlenkirche, wurde die Liturgie gefeiert. Der Chor sang harmonisch, die Einsätze kamen spontan. Um uns herum hörte man die Gebetsseufzer mit dem Beiklang demütiger Hinwendung zu Gott und den Heiligen.

Tränen der Reue – Der Spiegel Rußlands

Rechts von uns hörte man eine längere Unterhaltung; doch sprach immer nur eine Stimme, und es handelte sich nicht um die Predigt. Es fing an, mich zu stören. Vater Athanasios schaute mich fragend an; ich wußte keine Antwort. Wir drängten uns weiter nach vorne, vorbei an den Säulen, welche die horizontale Fläche über unseren Köpfen trugen. An diesen Säulen hingen Ikonen und Öllämpchen. Hie und da brannten Kerzen auf den Leuchtern. In der durchlichteten Dunkelheit erkannte man die Gesichter des Kirchenvolkes.

Diese Augen! Wie nahe sind betende Menschen einander! Man schaut einen gläubigen Beter an, kennt weder seinen Namen noch wird man ihn je wiedersehen, aber er hat im Innern etwas hinterlassen, und man wird durch ihn stärker, wertvoller, glücklicher.

Jetzt können wir sehen, was es mit der Stimme von vorhin auf sich hat. Vater Kosma, Arzt und Priestermönch, der uns gestern photographiert hatte und uns die Dias (aus seinem eigenen Labor) zum Geschenk machen will – ist derjenige, den man sprechen hört. Hier steht er mit dem umgelegten Epitrachil, einer Stola, als äußeres Zeichen der Priesterwürde, und redet noch immer. Was spricht er denn hier in der Tiefe der Kirche, während die heilige Liturgie noch andauert? Ich schloß die Augen und konzentrierte mich auf seine Rede. Sie floß wie die Strahlen aus der Quelle vor der Kirche. Mal sprach er von der Familie, mal von den Schlangen vor den Geschäften in der Stadt, mal vom Arbeitsplatz, mal von der Kirche. Es war ein geistlicher Kommentar zum Alltagsleben. Von diesen Bildern des praktischen Lebens ausgehend, vermittelte er eine anschauliche Katechese. Durch die hier aufgezeigten Ereignisse wollte er auf die Sünden und Fehler hinweisen, die täglich begangen werden. Die Anwesenden sollten zu einer Erforschung ihrer selbst gebracht werden, so daß sie bei der bevorstehenden Beichte durch reuevolle Aufrichtigkeit die begangenen Sünden, Schwächen, Selbsttäuschungen und Versäumnisse bekennen und bereuen könnten, um sich so dem heiligen Geheimnis des Leibes und Blutes Christi würdig zu erweisen. Wie kann doch die Kirche – wenn sie ihr volles Leben entfaltet – Wege weisen, um ihren Gläubigen zu helfen!

Einer der Kirchendiener trat auf Vater Kosma zu und meldete ihm, wie weit die Liturgie fortgeschritten sei. Jetzt bekamen seine Worte einen anderen Rhythmus und Beiklang. Vater Kosma las das Gebet, das immer vor der Beichte gesprochen wird, hob sein Epitrachil und legte es demjenigen, der ihm am nächsten stand, auf den Kopf. Auf einmal war ein Durcheinander vieler Worte, vermischt mit Schluchzen, zu hören. Eine laute Beichte vor der Menge! Eine seltsame Bewegung erfaßte den Kreis um Vater Kosma; leise Ausrufe, Gebetsseufzer ... Das Epitrachil wanderte von Kopf zu Kopf. Oft flüsterte Vater Kosma seine beratenden Worte in das Ohr des Beichtenden. Solch einen erschütternden Anblick hatten wir noch nie gesehen. Welch einzigartiges Erlebnis! Es erinnerte an die apostolischen Zeiten! Die Kirche Gottes – das Volk – hat sich selbst erkannt. Ihr Wesen war immer das Leiden. Nur aus dem Leiden kommt die Auferstehung. Und siehe, sie vollzieht sich hier vor uns durch die Beichte und das Abendmahl. In dieser Tatsache liegt der Ausgangspunkt einer neuen Perspektive für die nahe Zukunft, für ein neues Morgen, das bereits die visionären Augen Dostojewskijs geschaut haben.

Der Chor begleitete die Kommunion mit dem Gesang: „Nehmet den Leib Christi, trinket aus der unsterblichen Quelle.“ Wer gebeichtet hatte, näherte sich der Reihe nach dem heiligen Kelch, während die Beichte im hinteren Teil der Höhlenkirche noch andauerte. Die dichtgedrängten Reihen hatten sich gelichtet, und der Kreis um Vater Kosma wurde immer kleiner. Wieder kam der Kirchendiener und sagte, daß die Reihe der Kommunikanten fast zu Ende sei. Um die Liturgie nicht zu unterbrechen, forderte Vater Kosma die Anwesenden dazu auf, sich gegenseitig die Hände auf die Schultern zu legen; er breitete das Epitrachil der Länge nach über ihren Köpfen aus und las das Ablaßgebet. Dieser ganze Raum war nun plötzlich leer. Wir schauten zu Vater Kosma hinüber, der neben dem Pult mit dem Evangelium stand. Er sah uns beide an und gab uns ein Zeichen, näherzutreten. Wir küßten das Evangelium und das Kreuz in seiner Hand, und bevor wir dazukamen, ihm unsere Dankbarkeit für das Erlebte auszudrücken, bemerkten wir seine linke Hand, deren ausgestreckter Zeigefinger auf den Boden wies. Unten auf dem Marmorfußboden war etwas, das wie verschüttetes Wasser aussah. Auf seinem Spiegel zitterte das Flimmern der Kerzen und das rötliche Funkeln der Öllämpchen. Wir schauten ihn fragend an, nicht wissend, was wir davon halten sollten, und er sagte bewegt: „Das sind Tränen der Reue, die das russische Volk weint. Von ihnen lebt unsere Kirche.“ Wir drei schwiegen eine Weile. Vater Kosma hob das Evangelium hoch und schritt zum Altar, und wir zwei schauten uns an und gingen, der tiefsten Erregung überlassen, um das Antidoron, das geweihte Brot, zu nehmen.

Als wir das Gotteshaus verlassen hatten und uns

auf den Weg machten, um zu unserer Gruppe zurückzukehren, waren unsere Augen voll der neuen Bilder. In der „Schlucht" war alles in Bewegung. Die Sonne war durch die großen, dichten Kronen der alten Bäume verdeckt, doch brachen ihre Strahlen durch das Blattwerk. Die Mönche gingen kreuz und quer über den Hof ihrem Dienst nach. Im Kirchenvolk hatte eine Ablöse stattgefunden. Neue Gläubige waren gekommen. Bald würde eine neue Liturgie in derselben Kirche anfangen. Unterwegs wurden wir zwei auf Schritt und Tritt angehalten, um den Segen zu geben.

Auf dem Weg, in der Nähe unserer Behausung, standen vier Frauen in mittleren Jahren. Sie kamen auf uns zu, und eine von ihnen begann: „Väter, wir sind so sündige Menschen und ihr kommt von so weit her zu uns." Als sie den Segen empfangen hatten, setzten sie fort: „Ich bitte Sie, beten Sie für meinen Sohn Nikolaj, er ist krank." Danach erzählte sie, wie fromm er war und daß er während der Zeit beim Militär jeden Tag das Akathistos, das Lob der Allerheiligsten Gottesmutter, gelesen habe. Einmal habe ihn ein Offizier dabei gesehen und ins Gefängnis geworfen. Dort sei er viel geschlagen worden und mußte dann ins Krankenhaus gebracht werden. Jetzt sei er zu Hause, aber geistig gestört. Ihre drei Freundinnen teilten offensichtlich ihren Schmerz. Vielleicht aber fühlte auch jede in diesem Augenblick einen persönlichen Schmerz. Ihre zerfurchten Gesichter, feucht von Tränen, hatten den gleichen Ausdruck.

Das Antlitz des frommen russischen Volkes

Etwas veranlaßte mich, das Klostergebäude zu verlassen, um seine äußeren Mauern und die Umgebung zu besichtigen. Vater Kyrill stand an der Pforte und sprach gutmütig mit zwei kleinen Buben. Er hatte uns gestern die alte Pforte und die Kapelle des hl. Georg gezeigt. Dort hatte ich eine Kopie unserer „Dreihändigen"-Ikone aus dem Kloster Chilandar gesehen, ebenso groß wie das Original. Links, neben der Pforte bei der Mauer, beginnt der Weg und ein bißchen weiter weg, rechts und links davon, die Siedlung. Ich sage nicht Dorf, da das Land ringsum nicht bearbeitet ist. Die Häuser sind gleichförmig, ebenerdig und fast alle aus Holz. Sie stehen eines neben dem anderen und sind durch einen Holzzaun längs des Weges miteinander verbunden. Auf der Straße ist keine Menschenseele zu sehen. Warum? – Ich konnte das Rätsel nicht lösen, und es gab auch niemanden, den ich hätte fragen können. Ich kehrte um, da mir die Einsamkeit in der Siedlung plötzlich unangenehm war, und lenkte meine Schritte entlang der westlichen Klostermauer einen kleinen Abhang hinunter. Alle dreißig Meter werden die Mauern von Türmen überragt – alles ist mit Holzschindeln umkleidet. Ich blickte in die Unendlichkeit der Ebene, die nur hier durch eine Vertiefung, die „Schlucht", unterbrochen wurde. Meine Gedanken zogen mich in die Vergangenheit, zu den Anfängen dieser Klosterfestung. Einst haben diese Mauern vor einem äußeren Feind Schutz geboten, heute schützt sie der lebendige Glaube – vor dem inneren Feind.

Nach Osten hin liegt noch eine kleine Siedlung. Auch sie ist ohne jedes Leben. Wo sind diese Menschen? Heute ist Mittwoch, ein Arbeitstag. Nur die Kirche feiert ihren Volksheiligen, den Märtyrer Philip, Metropolit von Moskau. Woher also sind all diese Menschen von der letzten Nacht gekommen? Auch jetzt, während ich die alten Mauern dieser geistigen Festung umschreite, wird eine zweite Liturgie mit den neu Angekommenen gefeiert.

Als ich wieder an der Pforte angelangt war, fragte ich Vater Kyrill, wo die Menschen aus diesen Siedlungen seien und woher die vielen Gläubigen, die jetzt im Kloster sind, kämen. Er sagte mir, alle Erwachsenen wären bei der „Fronarbeit“, während die Babuschkas und Kinder beim Gebet seien. Das Volk komme von weither ins Kloster, er selbst wisse nicht, von woher überall. Während wir miteinander sprachen, hielt der Strom älterer und jüngerer Gläubiger an. Überwiegend waren es Frauen. Sie kamen aus der Richtung, aus der wir gestern auch gekommen waren, trugen Kopftücher und hatten Taschen in den Händen oder auf den Schultern. Die Babuschkas eilten mit Kindern dem Kloster zu. Waren sie einmal in seiner Nähe angekommen, blieben sie immer wieder stehen, um sich zu bekreuzigen und zu verneigen.

Die ersten Glockenklänge hallen aus der „Schlucht“ wider. Es ist zehn Uhr. Auch bei dieser dritten Liturgie ist die Kirche voll von Menschen. Ein großer gemischter Chor singt. Wir Athos-Mönche zelebrieren heute mit. Die Gewänder sind feierlich. Der Abt und alle anderen Geistlichen im Range von Archimandriten tragen nach russischem kirchlichen Brauch Mitren, die Meßdiener halten Leuchter und Rhipidien, eine Art Fächer mit einem gemalten oder in Metall getriebenen sechsflügeligen Seraph, in den Händen: ein Ritual, das gegenwärtig in der Orthodoxie selten zu finden ist. Der missionarische Schwung der Kirche hat sich heute in den noch einzigen freien Raum verlagert – in das Innere der Kirche.

Ich stand an einem Platz, von dem aus ich unauffällig jede Bewegung dieser dem Gebet ergebenen Menschen beobachten konnte, um mich in ihr Gebet einzuschließen und davon getragen zu werden – diese Gelegenheit war unwiederholbar. Das, was mehr als alles andere ihre innige Frömmigkeit in der Kirche beweist, ist ihre Ehrfurcht und Hingabe. Jeder hier fühlt sich allein mit Gott. Keiner schaut den anderen an, keiner spricht mit dem anderen. Aber sie verschmelzen im Gebet, sind darin aufs engste mit der Quelle des Lebens – mit Gott – verbunden. Das ist diese große geistige Kraft, die im Gotteshaus eine solche Atmosphäre schafft, daß jeder Ungläubige entweder die Reue erleben oder das Gotteshaus verlassen muß. Aber auch für die geistig lauen Seelen ist beim russischen Gottesdienst kein Platz, denn er ist sehr lang und in der Beengtheit des Raumes äußerst anstrengend.

Durch eine solche geistige Haltung der Kirche und dem Gotteshaus gegenüber läßt sich auch die genaue Kenntnis der Kirchenordnung und das Verstehen des Inhalts der Liturgie von seiten der Gläubigen erklären. Sie begleiten den Gottesdienst mit ihrem Geist und erleben ihn in ihren Herzen, und das ist auf ihren Gesichtern ganz deutlich sichtbar. Deshalb glaube ich, daß es in Rußland nichts Schöneres und Wertvolleres gibt als das Antlitz des frommen russischen Volkes.

Aus diesem Kloster wird mir die Lesung des Evangeliums unvergeßlich bleiben. Der Diakon trug mit feierlicher Stimme, langsam und mit außerordentlicher Diktion das 5. Kapitel nach Matthäus, einen Abschnitt aus der Bergpredigt, vor. Diese Worte Christi, die die tiefsten aus seiner Frohen Botschaft sind, konnte man auf den Gesichtern der anwesenden Menschen ausgedrückt sehen, und das nicht nur auf einem, zwei oder drei Gesichtern. Alle Anwesenden benahmen sich einheitlich, man könnte fast sagen, nach irgendeiner geheimnisvollen Regie, während es doch nur der spontane Ausdruck der innersten Bewegung dieses Volkes war, das Christus in sich trägt. Bei den Worten: „Selig, die arm sind vor Gott, denn ihnen gehört das Himmelreich", breitete sich Glückseligkeit über ihre Gesichter aus. Bei den Worten: „Selig die Trauernden, denn sie werden getröstet werden", flossen Tränen über diese Gesichter, und tiefes Seufzen war zu hören. „Selig, die hungern und dürsten nach der Gerechtigkeit ...", wieder flossen Tränen über die Gesichter, die Zustimmung ausdrückten, bis zur letzten Seligpreisung: „Freut euch und jubelt: euer Lohn im Himmel wird groß sein." Jetzt strahlten diese Gesichter mit wunderbarster, geheimnisvoller Freude, und die Augen leuchteten in sehnsuchtsvoller Hoffnung.

Von dieser Macht der Geistigkeit ergriffen, konnte ich zum ersten Mal tief empfinden, was eigentlich die Kirche Christi auf Erden ist. Die Definition, daß die Kirche der kollektive physische Leib des Gottmenschen Christus sei, wurde für mich hier zur vollen Wirklichkeit. Und mehr noch, denn wenn das orthodoxe Gotteshaus die reale Einheit zweier Welten darstellt, den Ort, wo die Grenze zwischen Raum und Zeit aufgehoben ist, wo Himmel und Erde sich vereinigen, dann waren die gläubigen Seelen dieses Volkes, während die heilige Liturgie gefeiert wurde, für unsere profanen Augen das sichtbare Abbild des unsichtbaren Himmels.

Nach beendeter Eucharistie, als der Chor den Gesang, der die Kommunion begleitet, begonnen hatte, schweifte mein Blick wieder durch den Raum, während meine Gedanken sich erneut mit dem Lauf der Geschehnisse verbanden. Bald beginnt die Kommunion. Ich werde von Unruhe erfaßt. Ich muß etwas tun, was mir aus vielen Gründen schwerfällt, was aber aus einem bestimmten Grund doch getan werden sollte. Ich muß dem Leser gestehen, daß ich unter meinem Oberkleid einen Photoapparat trug. Da ich vermutete, daß uns auf dieser Reise das russische Leben vielfältigste Geheimnisse entdecken lassen würde, wollte ich in größtmöglichem Maße alles Gehörte und Gesehene auf Diapositive und Papier bannen, und so waren mir mein Photoapparat und mein Notizbuch während des ganzen Besuches eine geistige Last und eine Notwendigkeit zugleich. Auf die Galerie da hinten zu kommen, wo der Chor sang, war schwierig und unangenehm, weil man sich durch das Volk hindurchwinden mußte, doch war das die beste Position für die Aufnahmen. Ich gestand einem jungen Mönch mein Problem. Er führte mich durch eine kleine Tür aus der Apsis des Altars in den Hof hinaus und durch eine andere genau dort hinein, wo die Treppe zur Galerie führte. Jetzt hatte ich das ganze Kirchenschiff vor mir, das voller Menschen war, die in diesem Augenblick den Ausruf „Mit Gottesfurcht, Glauben und Liebe tretet heran" erwarteten. Archimandrit Chrysostomos aus unserer Gruppe hatte ihn auf griechisch ausgesprochen und danach den heiligen Kelch aufgedeckt, um den Gläubigen die Kommunion zu reichen. Zuerst kamen die Mütter. Eine nach der anderen, trugen oder führten sie ihre Kinder und nahmen das Abendmahl mit ihnen. Nach ihnen traten die anderen, der Reihe nach, mit auf der Brust gekreuzten Armen und erhobenen Köpfen heran. „Soma ke ema tu kyriu", „Den Leib und das Blut des Herrn . . .", wiederholte dieser Hirte vom Heiligen Berg für jeden Kommunikanten mit leiser Stimme, die hin und wieder zitterte. Der Chor sang mit Unterbrechungen im langsamen Rhythmus: „Nehmet den Leib Christi, trinket aus der unsterblichen Quelle . . ."

Die Kommunion dauerte lange. Als sie beendet war, erhob der Archimandrit Chrysostomos den heiligen Kelch und sollte den Ausruf vorbringen: „Errette, o Gott, Dein Volk und segne Dein Erbe", aber seine Stimme war nicht zu hören. Der Chorleiter wartete einen Augenblick, und dann begann der Chor auf ein

Zeichen seiner Hand hin klangvoll mit: „Wir haben das wahre Licht gesehen ..." Später, als wir unter uns waren, erzählte Archimandrit Chrysostomos: „Als ich mit dem vollen Kelch, der ungewöhnlich schwer war, heraustrat, um den Gläubigen das Abendmahl zu reichen, geriet ich in große Angst, da ich an das Verhalten der Leute bei uns dachte: wie sie drängeln würden und der Kelch in meiner unsicheren Hand ins Wanken geraten und sein Inhalt ausgeschüttet werden könnte. Als ich aber sah, in welch vollendeter Ordnung und mit welcher Demut diese heiligen Seelen herantraten, wurde ich von einer solch starken Erregung erfaßt, daß ich am Ende, als ich den Ausruf vorbringen sollte, es nicht konnte. Etwas hatte meinen Hals zusammengeschnürt, und meine Stimme versagte."

Das Ende der heiligen Liturgie wurde von vielen Handlungen begleitet. Die Liturgen nahmen ihre Gewänder ab und verließen mit Gesichtern, auf denen ein Strahlen lag, den Altarraum. Im Kirchenschiff empfing das Volk das Antidoron, das gesegnete Brot, küßte die Ikonen, verneigte sich vor den Heiligen und verabschiedete sich von ihnen bis zum nächsten Gottesdienst. Der Diakon und die Meßdiener gaben den Gläubigen ihre Heftchen, aus denen während der Liturgie die Namen der Verstorbenen und Hilfsbedürftigen gelesen worden waren, zurück. Alles das geschah leise und natürlich.

„Beten Sie für unseren Patriarchen" – Kirchenpolitik zwischen „Freiheit" und Unterdrückung

Rund um die Kirche stehen Bänke unter den Bäumen; alle sind besetzt. Wann werden diese Menschen wieder aufbrechen, dorthin, woher sie gekommen waren? Es ist, als ob sie hier zu Hause wären, keiner hat es eilig. Hier bemerken wir, wie sie miteinander reden, was in der Straßenbahn, im Zug oder in der U-Bahn nicht der Fall ist. In den öffentlichen Verkehrsmitteln lesen alle, nur um nicht miteinander reden zu müssen, hat uns jemand im Vertrauen erklärt: entweder ein Buch, eine Zeitschrift oder eine Zeitung – ein Land der Leser! Doch wer weiß, ob alle lesen und ob sie die ganze Zeit lesen? Jedenfalls schaut jeder auf den Text vor sich hin. Welches Schicksal, welche Gewohnheiten, welcher Lebensstil dort – außerhalb der Kirche!

Ich schaute mich um und wartete darauf, daß das „geistige Radar“ mich zu jemandem führen oder jemandes Aufmerksamkeit auf mich lenken würde. Ich ging auf eine Bank zu, wo sich eine ganze Familie befand, Vater und Mutter, beide etwas über dreißig Jahre alt, und ihre zwei Jungen. In diesem Augenblick aber erschien einer der jüngeren Klosterbrüder, stellte mir diese Familie als ein Beispiel dafür vor, wie auch das eigene Haus zur Kirche werden kann, und lud mich ein, mit ihm zu kommen. Wir stiegen über die Treppe in die „Schlucht“ hinunter. Dort würde uns das Mittagessen im Speiseraum der Bruderschaft erwarten, sagte er, aber es wäre noch ein wenig Zeit. Was er jedoch eigentlich wollte, war, daß wir uns hier in ein kleineres Gebäude zurückziehen und uns unterhalten konnten. Das war jener Teil des Klosters, der landwirtschaftlichen Zwecken diente. Wir gingen am Stall vorbei. Ich warf einen Blick hinein. In einer Box sprangen Kälber umher. Ein lebhafter kleiner Junge, der beim Einzug während der Liturgie die Rhipidien gehalten hatte, bemühte sich jetzt, ein Fohlen auf seinen Platz in den hintersten Teil des Stalls zu bringen. Wir traten in eines der Wohngebäude, in dem die freiwilligen Helfer untergebracht sind. Der frische Duft von Heu, ein großer Strauß Rosen vor uns auf dem Tisch und unsere mit Weihrauchduft vollgesogenen Kutten – all das ergänzte noch die erhabene Atmosphäre dieses heiligen Ortes.

Mein Gesprächspartner stellte mir einige Fragen im Zusammenhang mit dem Leben und der Welt, aus der wir kommen. Was ihn mit besonderer Neugierde erfüllte, war das mönchische Leben auf dem Heiligen Berg, und er erzählte, daß aus diesem Kloster bald drei Mönche in das Kloster des heiligen Panteleimon auf dem Athos gehen würden. Ja, sagte ich, ich kenne schon Vater Martinijan, den man mir gezeigt habe. Dann ergriff er das Wort, noch bevor es mir gelungen war, ihm meine Fragen zu stellen. Offensichtlich wollte er keine Zeit verlieren. Schon bei der kurzen Einleitung konnte ich sehen, worauf das Gespräch zielte, und ich schwieg und hörte ihm ruhig zu, während ich sein junges, vergeistigtes Gesicht und seine warmen, intelligenten Augen betrachtete. „Unsere Machthaber verfolgen die Kirche. Sie verlangen von der Kirche, daß sie vor dem Ausland die Freiheit des Glaubens in Rußland bezeugt. So kommt es dazu, daß sie mit unseren eigenen Händen die Kirche schließen. Denn sobald im Ausland über die große Glaubensfreiheit bei uns gesprochen und geschrieben wird, werden die Verfolgungen hier verstärkt. Und wenn im Ausland über die Verfolgungen gesprochen und geschrieben wird, lassen sie nach. Die Machthaber hier führen eine satanische Politik."

Ich fragte ihn, wie wir Athos-Mönche uns in Begegnungen mit denjenigen Kirchenleuten verhalten sollten, die diese antikirchliche Politik unterstützen.

„Benehmen Sie sich jedem gegenüber so, wie es seinem Rang entspricht, aber sagen Sie nicht mehr als das unbedingt Notwendige. Sie müssen wissen, daß das keine gottlosen Menschen sind (sowohl bei den

Mönchen als auch beim Volk war uns aufgefallen, daß sie in allen Lebensbereichen die Menschen nur in Gottlose und Gläubige einteilten), aber jeder muß es vor seinem Gewissen verantworten, was er tut. Denn die einen sind von Fall zu Fall für die Zusammenarbeit mit den Machthabern und die anderen nicht. Für uns ist es sehr schwer: wenn man sagt, es gebe Freiheit, schmerzt das Gewissen; sagt man, es gebe keine Freiheit, ist man verloren. Aber unser Volk hat keine Liebe für Priester übrig, die sagen, es gebe Freiheit. Unsere Kirchenleitung führt ihre Politik mit den Machthabern je nach Notwendigkeit. Aber die Politik ist eine äußerst mißliche Angelegenheit. Wenn unsere Kirchenleitung gegen die Machthaber wäre, würden diese das zum Anlaß nehmen, der Kirche großen Schaden zuzufügen. Sie haben in der Zeit von 1960 bis 1965 über 50 Klöster, ungefähr 7000 Kirchen (mehr als die Hälfte) und fünf Priesterseminare geschlossen. Sie verlangen von unserer Kirchenleitung heute nur eines: daß sie sagt, daß es bei uns Freiheit gibt. Das brauchen sie für das Ausland, aber auch für jene Gebiete, die Ausländer besuchen dürfen. Für die Augen von Ausländern gibt es diese Freiheit. Sie haben in Moskau die Allerheiligen-Kirche gesehen. Sie müßte dringend renoviert werden, aber die Machthaber erlauben das nicht. Sie möchten, daß wir verschwinden. Sie warten auf ihren Tag und wir auf den unseren, und so ist der Kampf groß."

Er erhob sich. Ob er meinte, genug gesagt zu haben, oder ob seine freie Zeit zu Ende war, konnte ich nicht unterscheiden. Er trat auf mich zu, und während er mir die Hand reichte, flüsterte er leise in mein Ohr: „Beten Sie auf dem Heiligen Berg für unseren Patriarchen. Er war einmal der Abt dieses Klosters und hat es groß gemacht. Dann haben sie ihn nach Sibirien verjagt. Von dort wurde er vor neun Jahren als Bischof in die Erzdiözese Krupitsko gebracht, und danach wurde er Patriarch. Er ist nicht mehr das, was er hier in Petschorij war. Sie haben ihn verändert. Beten Sie für seine Gesundheit.“ Darauf drückte er mir die Hand und ließ mich vor ihm hinausgehen. Als ich mich vor dem Gebäude nach ihm umdrehte, war er in einen anderen Raum hineingegangen, und ich machte mich auf den Weg, um die Meinigen zu suchen.

Im Hof war ein buntes Durcheinander. Vater Athanasios gab gerade einem Mädchen ein kleines Kreuz, und sie küßte ihm fromm die Hand. Einige Frauen, die in unmittelbarer Nähe standen, verbeugten sich ebenfalls aus Dankbarkeit, weil das Mädchen das Kreuz bekommen hatte. In diesem Augenblick klang die Glocke für das Mittagessen.

Wir befinden uns in einem großen, dichtgefüllten Saal, seiner Atmosphäre nach einer Kirche vergleichbar. Uns Athos-Mönche hatten sie an den oberen Teil des Tisches neben den Abt gesetzt. Auf den Tischen stehen Speisen im Überfluß; alles ist mit Geschick und Geschmack gedeckt. Die Liebe hat mehr ausgerichtet als bloßes Pflichtbewußtsein. Wir fragten Vater Theodorit, woher sie sich mit solch verschiedenartiger und qualitätvoller Nahrung versorgten. „Aus unserer eigenen Landwirtschaft mit Hilfe der frommen Menschen.“

Wie überaus groß ist die Kraft, die in der Liebe des Volkes liegt, wenn sie nur Ausdrucksmöglichkeiten findet. Diese Menschen leben heute in der Sowjetunion unter äußerst mangelhaften Verhältnissen, sie überschütten aber diejenigen mit Überfluß, die für sie beten, sie lehren zu beten und ihnen beim Beten helfen, da sie wissen, daß nur das Gebet sie vom Bösen und vom Übel erretten kann, wovon ihr Leben heute voll ist.

Mehrere junge Mönche gingen während des Mittagessens um die Tische herum und bedienten. Unter ihnen fiel vor allem der hochgewachsene Vater Wladimir ins Auge, der in der letzten Nacht zum Mönch geweiht worden war.

Eine Weile konnte ich einen überflüssigen Gedanken nicht vertreiben, als ich ganz in meiner Nähe den korpulenten Vater Marinijan betrachtete, der bald zu uns auf den Heiligen Berg kommen würde. Ich stellte ihn mir während des Mittagessens im Kloster Panteleimon vor, wo es tagtäglich Borschtsch gibt: an drei Tagen der Woche mit Wasser, an vier Tagen mit Öl zubereitet.

Abt Gawriil richtete beim Abschied einige kurze, aber ans Herz gehende Worte an uns. Er wünschte uns, daß die geistige Verbindung, die jetzt geschaffen worden war, für immer, vor allem im Gebet, erhalten bleiben möge. Von unserer Seite bedankte sich der Abt des Klosters Simonos Petras, Vater Emilian, für alles, besonders aber für das einzigartige Erlebnis der Andacht, das wir als größtes Geschenk mit uns forttragen.

Im Hof verabschiedeten wir uns von der Bruderschaft, und Vater Kosma machte Photos zum gegenseitigen Andenken.

Danach, in einem ebenerdigen Saal des Nebengebäudes, der reich mit Biedermeiermöbeln ausgestattet war, schenkte uns Abt Gawriil so zahlreiche wertvolle Gegenstände, daß wir beschämt waren. Es handelte sich neben anderem um schöne Brustkreuze, die bei uns nur die Äbte, und das nur an hohen Feiertagen, in der Kirche tragen. Als wir wieder im Hof waren, hatte sich das Volk versammelt und wartete auf den Segen.

Wir verlassen diese heilige „Schlucht“ über die große Treppe. Oben bei der Kathedrale, wo für uns die Wagen bereitstanden, wieder Menschen. Sie sind wie die Luft in diesem Kloster – immer sind sie anwesend! Letzte Verneigungen und Händewinken, und wir fahren.

Wir sind wieder in Pskow auf dem Weg nach Moskau. Das Wetter ist düster, die Wolken jagen dahin. Wir hatten uns deshalb sofort paarweise in unsere Coupés begeben.

Bis Mitternacht besuchten wir uns gegenseitig. Oft waren wir alle in einem Abteil und tauschten unsere Eindrücke aus. Unsere Griechen, die nie ein Hehl aus ihrer Überzeugung machen, daß allein sie die richtigen Orthodoxen seien und wir Slawen ihre halbfertigen Schüler, übten nun untereinander Selbstkritik, während sie das russische Mönchstum und das Volk in den Himmel hoben.

Unser lieber Vater Jakow, der Abt des Klosters Potschaew, den wir bei der ersten Begegnung auf dem Flughafen von Moskau ins Herz geschlossen hatten, vertrat von jetzt an in unseren Augen nicht nur in würdigster Weise das russische Mönchstum, sondern wurde für uns auch zum Repräsentanten des frommen russischen Volkes, das auf seine Weise mönchisch lebt und Gott lobt. Da er unsere Liebe ihm gegenüber fühlte, war Vater Jakow voll der russischen Sanftheit und Zutraulichkeit. Nur über ein Thema gab es mit ihm „Mißverständnisse“: Sobald wir ihm eine Frage über das soziale oder politische Leben seiner „Heimat“ stellten, konnte er plötzlich kein Russisch mehr, ging auf ein anderes Thema über oder tat so, als habe er sie überhört. Das rief bei uns eine tiefe Sympathie für ihn hervor, und wir stellten fortan keine derartigen Fragen mehr. Aber daraus erwuchs uns eine große Erkenntnis: Die ganze meisterhafte Regie, die versuchte, den Ausländern vorzuzaubern, daß die UdSSR ein vollkommen freies Land sei, bestand die Prüfung nicht, sobald man in näheren Kontakt mit einem ihrer Bürger kam. Dieser Bürger unterläßt es instinktiv, außerhalb seiner persönlichen Sphäre laut zu denken oder zu urteilen. Dahinter steht ein Tabu, das weder er noch jemand in seiner Umgebung verletzen darf.

Von einem langen Tag und vielen Eindrücken ermüdet, grüßten wir hinter den gelichteten Wolken den Sonnenuntergang, um uns danach dem Schlaf zu übergeben.

Während der Nacht riß mich etwas wie eine Kettendetonation aus einem leichten Schlaf – ein Zug aus der Gegenrichtung fuhr vorbei. Bis zum neuen Tag war noch genug Zeit, aber der Schlaf schien mit jenem Zug verschwunden zu sein. Um so besser. Ich kehre in Gedanken gerne in das Kloster Petschorij zurück.

Der Strannik – Gottsucher auf lebenslanger Pilgerschaft

Von allen Bildern zieht mich das vom gestrigen frühen Morgen, draußen unter dem Fenster der alten Kirche, am stärksten an: Es war jener Greis mit seinem Bart und seinem unvergeßlichen Profil, der auf einem ausgebreiteten Stück Stoff kniete (auf den ich dreimal meine Kamera gerichtet hatte, aber nicht den Mut fand, ihn zu photographieren; und jetzt tut es mir leid, obwohl ich mich eigentlich freue, daß ich es nicht getan habe); jener Strannik. Ach, dieser russische Strannik! Wann hat es ihn in Rußland nicht gegeben, kann Rußland ohne ihn überhaupt sein? Er ist – Rußland; Rußland ist – er. Rußland ist das klassische Land des Gottsuchers, ist es immer gewesen und bis heute geblieben. Der Strannik, wie die Russen den gottsuchenden Pilger nennen, ist immer unterwegs; wie einst, so auch heute. Solche Pilger ziehen durch das russische Leben geistige Ackerfurchen, werfen die ewige Saat hinein und übertragen damit ihre Sehnsucht nach der Wahrheit Christi auf das ganze Volk. Ich habe einmal gelesen, daß es einst, im alten Rußland, die Sekte der Stranniks gab, Menschen, die ihr ganzes Leben auf einsamen Wegen verbrachten, sich an keine Gemeinschaft banden und keinerlei Zugeständnisse an die Gesellschaft machten, indem sie von ihrem Nächsten nur ein Nachtlager und ein Stück Brot annahmen. Es waren nicht immer einfache Leute, da es für diese Art von Leben viel Geist und Willenskraft braucht. Für den Strannik ist die immerwährende Reise die einzige Lebensweise, die einem ehrlichen Christen zukommt. In jenen Zeiten gab es gleichzeitig die Sekte der Freunde der Stranniks, Menschen, die in ihren Nebengebäuden spezielle geheime Eingänge für diese „Wanderer Christi", die der Staat bereits damals verfolgte, eingerichtet hatten. Und ich erinnere mich an den mehr als erschütternden Fall des Popen Awakum. Auf den endlosen Wanderungen mit seiner Familie fragte ihn einmal seine von den Anstrengungen ganz gebrochene Frau: „Wie lang wird dieses unser Elend noch dauern?" – „Makowna, uns ist beschieden, bis zum Grab für unseren Erlöser Christus zu leiden . . ." Und sie seufzte darauf tief auf und sagte: „Nun gut, Awakum, dann laß uns weiterwandern . . ."

Nach Berdjajew ist der Strannik eine Kategorie des russischen Geistes, der russischen Idee – eine typisch russische Erscheinung. Er glaubt, daß zu den Stranniks auch Menschen aus den höchsten kulturellen Kreisen, die russischen Denker und all diejenigen gehören, welche die göttliche Wahrheit gesucht haben: Gogol, Tolstoj, Dostojewskij. Sie sind Stranniks ihrem geistigen Typus und Schicksal nach. Dazu gehören auch Wladimir Solowjew, der Denker Skoworoda und andere. Und sind nicht auch die Dissidenten – Schriftsteller, die in den letzten Jahren in den Westen vertrieben wurden – überzeugte Christen? Auch sie sind zeitgenössische Stranniks, die im Sowjetreich dasjenige gesucht und gefunden haben, was es dort offiziell nicht gibt – nämlich die Wahrheit Christi!

In jedem russischen Menschen lebt etwas vom Geist des Strannik, dem Entfremdetsein von der Welt. Im tiefsten Inneren ist der Russe nie endgültig an Besitz, Familie, Staat und Wirtschaftsleben gebunden. Er hat ein Gefühl für die Vergänglichkeit aller Dinge, die von dieser Welt sind. Alles wird einmal vergehen, und erst dann beginnt das wahre Leben – im Himmelreich!

Denken wir an die vielen Menschen im Kloster Petschorij. Zu dieser Jahreszeit handelt es sich ausschließlich um „Ausflügler", die auf Urlaub sind. Und doch sind sie Pilger und Stranniks, die von weither gekommen sind. Sie machen keine gewöhnlichen Ferien, wo man sich im Müßiggang ausruht. Sie möchten diese Tage in Heiligkeit verbringen, bereuen und sich erneuern. Ein solcher Urlaub hilft ihnen, ein „seelenrettendes Eiland" zu finden, sich der göttlichen Dimension des Lebens hinzugeben. Wenn es diesem wunderbaren Volk in diesen zwei Tagen gelungen ist, uns Athos-Mönche so zu erschüttern und zu begeistern, was geschieht dann mit jenen Materialisten und Nihilisten aus ein und derselben Gesellschaft, wenn sie sich hin und wieder in den Strom dieser Gottsucher verirren? Werden nicht wenigstens einige von ihnen mit Rosanow sich selbst eingestehen: „Christus ist schöner als alles Irdische, schöner sogar als die Welt selbst!"

Heiliges Rußland

Aufgrund dieser unermüdlichen Gottsuche, die sich als Leitmotiv durch alle Epochen vor und nach dem Fürsten Wladimir zieht, entstand die Bezeichnung „Heiliges Rußland", ein Wort, das heute nicht ausgesprochen werden darf, auch wenn die Wirklichkeit, die dieser Name bezeichnet, mehr denn je das gegenwärtige Leben des russischen Volkes charakterisiert.

Dieses Volk hat in den letzten sieben Jahrzehnten mehr gelitten als Europa in seiner gesamten christlichen Ära. So, wie es das Leiden begreift und erlebt, hat es ihm immer Segen gebracht. Der Schmerz hat in der russischen Orthodoxie eine weitreichende Bedeutung: Das von Gott zugelassene Leiden bringt den Menschen auf den Weg, welchen Christus vor ihm gegangen ist. Im Leiden liegt ein großes Geheimnis. Nur das Leiden bringt den Menschen dazu, sich aus der geistigen Dumpfheit, der er im Leben anheimfällt, herauszureißen. Ohne Leiden gibt es keinen Weg zu Gott. Der Schmerz hilft dem Menschen, sich nicht im Vergänglichen zu verlieren. Deshalb hat das Christentum keinen fruchtbareren Boden gefunden als den russischen. Im Schoß des russischen Gemüts konnten die evangelischen Tugenden des Christentums erstrahlen. Ein Beispiel dafür ist die russische Bruderliebe: sie kann nicht erschüttert werden, denn sie vergibt schon im voraus. Und dann die Ergebenheit der Russen in den Willen Gottes. Für den Russen ist das Unglück kein Grund, Gott zu lästern; es stellt für ihn keine bloße Strafe dar, sondern bewegt ihn, in Demut vor Gott zu stehen und in Ihm die Kraft zu finden, vor jedem weiteren Leiden das Haupt zu beugen, denn er weiß um dessen heilsame Funktion. Das Leiden ist ihm Ansporn zur Reue, und durch das Leiden kommt er dem Reich des Himmels näher.

Es gibt kein christliches Volk, das das Kreuz Christi so liebt und angenommen hat wie dieses. Mit einer Seele, die so beschaffen ist wie seine, sieht es auch im Verbrecher nur einen Unglücklichen, mit dem man Mitleid haben muß. Als ein russischer Bauer gefragt wurde, warum es während der Zeit der großen Hungersnot nicht zum Aufstand gekommen sei, antwortete er: „Wie konnten wir noch eine Sünde begehen, wenn uns Gott schon so viel gestraft hat?"

Alle diese Eigenschaften des russischen Volkes enthüllten sich uns gestern im Kloster Petschorij. Bei dieser kurzen Begegnung mit den Gläubigen erlebten wir die Sanftmut, die Reinheit ihrer Seelen und die Tränen aus ihren reuevollen Herzen. Ja, die Tränen sind ein Bad der Reinigung im geistlichen Leben. Sie zeugen von der Kraft des Geistes und sind das Unterpfand des göttlichen Segens, mit dem man das Höchste im Leben erreichen kann. Ein russischer Denker hat gesagt: „Wer nie weint, wird Christus nie schauen; wer aber weint, der wird Ihn sicher sehen. Christus – das sind die Tränen der Menschheit." Das konnte nur ein Russe sagen und das nur aus den leidvollen Erfahrungen seines Volkes.

Während ich mich gedanklich in dieser Wirklichkeit bewegte – die so verschieden von all dem ist, dem man in Europa, auf unserem Balkan oder in Amerika begegnet –, ruhte sich meine Seele in der Überzeugung aus, daß die Zukunft der Welt in der geistigen Wiedergeburt Rußlands liegt, die heute in vollem Aufschwung ist. Die Macht des heutigen Systems in Rußland, das keinerlei organische Beziehung zu diesem Volk hat, wird dank der moralischen Schwäche des Westens aufrechterhalten. Die Kraft der Liebe und des Verzeihens, die der großen russischen Seele innewohnt, wird der Welt zum Wegweiser auf ihrer weiteren historischen Bahn werden.

Das Sergij-Dreifaltigkeits-Kloster

Wieder in Moskau, brachen wir am Nachmittag um 3 Uhr in das Sergij-Dreifaltigkeits-Kloster auf. Bis zur Stadtgrenze und unterwegs sahen wir zwei Friedhöfe. Überall Grabkreuze! Das hatte ich nicht erwartet, und dieser Anblick erfreute mich sehr. Wir sahen auch noch einige größere und kleinere Kirchen in gutem Zustand, die offenbar „arbeiteten“, und wir liebkosten sie mit unseren Blicken und bedachten sie mit Gebeten. Plötzlich, als unsere Wagen die Anhöhe erreicht hatten, eröffnete sich uns ein einzigartiger Ausblick: Nach der Senke, auf der nächsten Anhöhe, erhoben sich, umschlossen von hohen Mauern und Türmen, die wie zum Himmel gestreckte Hände aussahen, zwölf wunderschöne Kirchen mit aufragenden, goldbeschlagenen Kuppeln – ein ganzes Geflecht von Linien auf dem azurblauen Hintergrund des Firmaments. Das war das Dreifaltigkeitskloster des hl. Sergij – das geistige Zentrum der russischen Kirche. Hier befindet sich auch die Geistliche Akademie, deren Abt traditionsgemäß der russische Patriarch ist.

Wir hielten an. Zwischen unserer und der nächsten Anhöhe war ein Strom von Menschen. Wer erinnert sich nicht in solchen Momenten an die Geschichte dieses Ortes? Dank Smolik und Kologriwow, deren ausführliche Bücher über das russische Mönchstum ich mit großer Inbrunst mehrfach und vor allem vor dieser Reise gelesen hatte, konnte ich mich in jene Zeiten zurückversetzen, als dieses Gebiet, über das unsere Blicke jetzt kreisten, ein undurchdringlicher Urwald war, in dem unter Bären und Wölfen ein Bojarensohn (d. i. der Sohn eines Adeligen) lebte, der junge Einsiedler Sergij.

Ein geistiger Mensch kann sich (so das Evangelium) nicht verstecken, denn der geistige Durst derjenigen, die nach der Wahrheit über das Leben suchen, wird ihn entdecken. So entstand um Sergij sehr bald eine große Bruderschaft, und er war gezwungen, obgleich er erst dreißig Jahre alt war, ihr Abt zu werden. Ausgehend von seiner ersten kleinen Kirche, die er der Heiligen Dreifaltigkeit geweiht hatte (der erste Fall in Rußland, daß eine Kirche dem Dreifaltigen Gott selbst geweiht wurde), entstand das Dreifaltigkeitskloster, das im Leben der Kirche und des gesamten russischen Volkes von 1350 bis heute eine entscheidende historische Rolle spielt.

Der heilige Sergij von Radonesch

Der hl. Sergij hat in Rußland auf vielfältige Weise Grundsätze des Mönchstums (die im Osten schon bekannt waren) verankert. Er war der erste, der das Einsiedlerleben in das russische Mönchstum einführte, das zu seiner Zeit und danach eine Reihe von hervorragenden Persönlichkeiten der russischen Geistigkeit hervorbrachte (unter denen der hl. Seraphim unerreicht geblieben ist, da er nach Aussagen seiner Zeitgenossen die Grenzen des Menschlichen verlassen hatte und wie ein Engel in einem sichtbaren Leib lebte). Sergij war der erste Gründer einer Klostergemeinschaft im Norden Rußlands nach den heiligen Theodosij und Antonij im Süden. Auch ist er der erste russische Heilige, dem die Allheilige Muttergottes mehrfach erschienen ist. Das größte Wunder aber, welches Gottes Segen hervorgebracht hatte, war, daß er als erster in Rußland – ähnlich wie sein Vorgänger, der hl. Sava aus Serbien – den großen Abgrund zwischen Mystik und Politik überbrückt hat. Wie er, um das Wohl seiner Brüder besorgt, sein geliebtes Einsiedlerleben verließ und ihr Abt wurde, so verließ er zu gegebener Stunde seine klösterliche Ruhe um des Wohles seiner Heimat willen, die seit mehr als einem Jahrhundert das allzu schwere Joch der tatarischen Knechtschaft trug und deren ganzes nationales Leben aus diesem Grund darniederlag. Wissend, daß nur eine starke zentrale Macht alle Kräfte des Volkes zu sammeln vermochte, wanderte der hl. Sergij von Fürstentum zu Fürstentum. Durch die Macht demütiger Liebe gelang es ihm, Nowgorod und Pjasan miteinander zu versöhnen und an Moskau zu binden. Neben seiner erfolgreichen Diplomatie an den Fürstenhöfen leistete dieser Streiter Christi Missionsarbeit, ganz nach dem Vorbild des hl. Sava, indem er als Aufklärer dem Volk die Wahrheit Gottes brachte und ihm ein Nationalbewußtsein vermittelte. Denn die Tataren hatten das städtische und kulturelle Leben des alten Rußland zerstört. Das Volk war durch den großen materiellen Schaden, den man ihm zugefügt hatte, in einem Ausmaß verarmt, daß der Kampf ums Überleben erbarmungslos war und von wildester Unmoral und allgemeiner Zügellosigkeit begleitet wurde. Geistig verstümmelt und moralisch geschwächt, glaubte das Volk, die Tataren seien unbesiegbar, und verlor deshalb immer mehr sein Nationalbewußtsein.

Durch die segenbringende Kraft seines demütigen Geistes gelang es dem hl. Sergij, diesem Volk neuen

Mut einzuflößen. Sein moralischer Einfluß war nicht mechanischer, sondern organischer Natur: „Das Reich Gottes ist wie Sauerteig“, hat Christus gesagt. Gemeinsam mit seinen Mönchen gelang es dem hl. Sergij, schrittweise den moralischen Zustand des russischen Volkes im 14. Jahrhundert günstig zu beeinflussen. Sein Erscheinen in der Öffentlichkeit und die geistige Erneuerung der Gesellschaft hatten eine solche Anziehungskraft, daß viele zum Mönchstum hinstrebten. Zeit seines Lebens gründete er 25 Klöster nach dem Vorbild und Geist seines Mutterklosters. Auf diese Weise verhundertfachte sich die Missionsarbeit des russischen Mönchstums. In dieser neuen moralischen Atmosphäre fand seine diplomatische und missionarische Arbeit ihren höchsten Ausdruck in der Schlacht auf dem Kulikowo Polje am 8. September 1380, als Sergij den Großfürsten Dimitrij Donskoj segnete: „Gehe hin und kämpfe mutig gegen die Ungläubigen, ohne Furcht und Bedenken, und du wirst siegen.“ Und als Symbol seiner eigenen Teilnahme an diesem Kampf rüstete er zwei seiner Mönche aus und schickte sie mit dem Fürsten in die Schlacht. Während der Dauer der Schlacht betete der Heilige, umringt von seiner Bruderschaft, und verfolgte mit geistigen Augen den ganzen Verlauf des Kampfes. Schließlich verkündete er seinen Mönchen den großen Sieg von Dimitrij über den Khan Mamaj, und die ganze Bruderschaft brachte mit Begeisterung und Inbrunst Gott ihren Dank dar. Diese Schlacht entschied über das weitere Schicksal Rußlands.

In der darauffolgenden neuen Periode des russischen Lebens belohnten die Generation der Kämpfer von Kulikowo Polje und ihre unmittelbaren Nachfahren das Opfer des Mönchstums für die nationale und moralische Wiedergeburt mit einem massenhaften Zustrom neuer Kräfte in die Reihen der Mönche. Bis zur Mitte des 15. Jahrhunderts wurden 150 neue Klöster gegründet. Sie alle waren von der gnadenreichen Wärme der Menschenliebe Christi durchdrungen und von der Missionsarbeit inspiriert, die auf den hl. Sergij und das Dreifaltigkeitskloster zurückging, das wir Athos-Mönche jetzt besuchten – zum ersten Mal im 20. Jahrhundert.

Beichte zu nächtlicher Stunde

Eine Art von innerem Strom der Ehrfurcht vor der Größe des Geistes und der Mission dieses erwählten Gottesvolkes, das sich in seiner neueren Geschichte so schwer kasteien muß, und eine unbändige Neugier, zu erfahren, was uns hinter diesen geheimnisvollen Mauern und Türmen erwartet, begleitete unsere Schritte über die große Freifläche zum Eingang des Klosters. Wie ein Fluß, so strömt das Volk und wir mit ihm durch die Pforte. Mit unserem Führer aus dem Patriarchat, dem Archimandriten Wladimir, bewegten wir uns langsam vorwärts, indem wir uns durch die Menschenmassen drängten. Im riesigen, von Gläubigen dicht gefüllten Hof des Klosters standen hohe Kirchen und Bäume. Durch die Erfahrungen der letzten Tage belehrt, erlaubten wir nicht, daß unsere Hände geküßt werden, denn einmal damit begonnen, hätten wir uns den Wünschen der Menschen unterordnen müssen und wären nie rechtzeitig angekommen.

Schon befanden wir uns im großen Gebäude, in dem die Geistliche Akademie untergebracht ist. Die Studenten waren gerade in Ferien, deshalb fanden wir dort Platz. Vater Longin, ein bosnischer Priestermönch aus dem Kloster Krka und Geistlicher der Erzdiözese Tusla, war dageblieben. Sein hoher Wuchs, seine demütige und vornehme Haltung und sein schon mit russischem Akzent durchsetzter bosnischer Dialekt hinterließen einen wunderbaren Eindruck. Ich reihte ihn sofort in die Gruppe derjenigen ein, die unserer serbischen Kirche neue Frische geben könnten, und deshalb wollte ich so viel Zeit wie möglich mit ihm verbringen, um seine Gedanken und Vorstellungen kennenzulernen. Wir blieben den ganzen Abend zusammen. Vater Longin war jetzt in seinem zweiten Studienjahr und sprach voller Begeisterung vom russischen Volk und von der russischen Kirche. Er meinte, das russische Volk sei der beste Lehrmeister der Priester. Es sporne sie unaufhörlich zur Wachsamkeit und Sorge um die Seelen der Gläubigen und um ihre eigenen Seelen an. Ich befragte ihn über den Unterricht und die Professoren. Ihm fehlten die Worte, so begeistert war er von ihrer Art des Unterrichtens. „Egal, welches Fach sie unterrichten, jeder spricht vor allem über das Gebet. Sie alle betonen: Wenn ihr nicht betet, bedeutet euer Wissen nicht viel, denn ihr bereitet euch nicht darauf vor, Priester Gottes zu werden, um den Leib des Volkes, sondern um seine Seele zu ernähren und zu heilen. Das Wissen kann da nicht viel ausrichten, das Gebet aber alles." Und am Ende seiner Erzählung betonte Vater Longin: „Mehr als die Hälfte unserer Professoren sind heilige Männer."

Ich hörte Vater Longin den ganzen Abend bis zum Essen und auch noch danach zu. Erst kurz vor Mitternacht holten mich zwei aus unserer Gruppe, um einen Rundgang durch das Kloster zu machen und zu sehen, was sich im Volk tut. Wir hatten gehört, daß während der ganzen Nacht 35 Priestermönche dem Volk die Beichte abnehmen würden. Aus allen Winkeln der Klosteranlage hörten wir geistliche Lieder zu uns dringen.

Die Nacht war warm, und die Atmosphäre des Klosters regte uns geistig an. Mit gespannter Aufmerksamkeit traten wir in die Dunkelheit hinaus. Wir waren Fremde hier – und doch Verwandte gleichen Glaubens. Ist nicht Antonij Petscherskij, der Gründer des russischen Mönchswesens, in der Höhle von Esphigmenou, drei Kilometer vom Kloster Chilandar entfernt, vor Gott gekniet? Und hier nun seine gereifte Saat: Zwölf Klosterkirchen sind zu dieser Stunde voll, und eine große Menschenmenge bevölkert den ganzen Hof, der von den hohen Mauern und Türmen dieser uralten Mönchsburg eingeschlossen ist. All dies war in dieser Mondnacht und im Licht vereinzelter Laternen zu sehen.

Wir drei hielten uns an die gepflasterten Wege, die unter den Kronen der mächtigen Bäume weiß schimmerten und den grünen Teppich dichten Grases durchkreuzten. Auf ihm lagen in größeren und kleineren Gruppen müde Pilger. Viele von ihnen waren vermutlich erst vor kurzem angekommen; jetzt aßen sie. Andere lagen und ruhten sich von der weiten Reise aus. Wer eine der vielen Bänke ergattert hatte, saß darauf; alle waren in leises Gebet oder Gespräch vertieft. Die weiche russische Sprache und die tiefen Stimmen, die dem leisen Gemurmel von Wasser glichen, wirkten angenehm. Alles, was wir sahen, hörten und fühlten, hatte etwas Überirdisches. Aus den Gotteshäusern klangen uns Lieder entgegen. Wir wußten, daß kein Gottesdienst stattfand, es waren auch keine Kirchenlieder, die gesungen wurden. Es zog uns dorthin. Ein junger Mann hielt uns an und verlangte aufgeregt etwas. Diese Erregung ging auch auf uns über, als wir verstanden, worum es ging. Er sagte, daß er für das Gebet, das vor der Beichte gesprochen wird, zu spät gekommen sei, und bat uns, es für ihn zu lesen. Als er sah, daß wir keine russischen Mönche waren, eilte er hastig weiter. Wir kamen zur ersten Kirche. Wie mit einer um den Hals gelegten Perlenschnur war sie von sitzenden Menschen, die an der Außenwand der Kirche lehnten, umschlossen. Die Luft war von ihrem halblauten Gebet erfüllt, das wie ein Pulsieren von ihnen ausging. Es war jene geistige Atmung, die die großen Lehrer des 18. und 19. Jahrhunderts das russische Volk gelehrt hatten. Mit Leib und Seele an die Kirche gelehnt, half dieses Volk sich selbst und der Kirche, die großen Versuchungen zu besiegen.

Als wir von der Eingangstür in das Gotteshaus blickten, bot sich ein überraschendes Bild: In ihrer ganzen Länge und Breite war die Kirche von Menschen und Kerzen erfüllt, nur in der Mitte sah man einen freien Durchgang. Auch standen diese Menschen nicht wie im Gottesdienst, noch waren die Kerzen auf den Leuchtern, sondern sie saßen auf dem Boden, hielten die Kerzen in ihren Händen und sangen. Sie sangen voll Hingabe und mit ganzem Herzen, und die Kerzen beleuchteten ihre demutsvollen, verklärten Gesichter. Wir fragten uns, was da vor sich gehe, und als unser Blick weiter zum Altar wanderte, wußten wir die Antwort. Dort hinten, unter den Öllämpchen auf der Solea (erhöhter Platz vor der Ikonostase), vor den großen Ikonen der Altarwand, saßen Priestermönche, und vor ihnen, unter ihrer Stola – die gebeugten Häupter der knienden Gläubigen bei der Beichte. Während die alten russischen geistlichen Lieder die Gewölbe der Kirche erfüllten und die Mächte der Dunkelheit vertrieben, zählten die geistigen Kinder vor ihren sich selbst aufopfernden Hirten ihre Sünden auf und übergaben sie dem Feuer der allesverzeihenden göttlichen Liebe. Welch ein Schauspiel!

Diejenigen, die gebeichtet hatten, kehrten auf ihre Plätze zurück und übernahmen die Kerzen von denen, die zur Solea gingen, zu ihren Hirten, deren Silhouette sich mit den Gesichtern auf den Ikonen mischten.

O du heilige russische Babuschka!

Wer ist dieses Volk, das die ganze Nacht in der Kirche aufbleibt, um zu singen und zu beichten? Das waren zum größten Teil alte russische Frauen mit Kopftüchern über ihrem grauen Haar, in das alle Tragik der neueren russischen Geschichte eingeflochten war, doch gleichermaßen auch der edle Stolz, daß sie bis heute auf dem Weg nach Golgatha mutig ausgeharrt hatten.

Zur Zeit der Revolution waren sie Kinder, später – in der Periode der „ideologischen Umerziehung" – junge Mütter, danach – in der verwirklichten „klassenlosen Gesellschaft" – reife Frauen, und bis heute, nach alldem, was sie erlebt hatten, in fast schon biblischem Alter, sind sie Christus treu geblieben und durch ihr Leben und ihren erzieherischen Einfluß zum geistigen Brot für ihre Kinder und Kindeskinder geworden. O du heilige russische Babuschka! Du hast deinem Land die Orthodoxie bewahrt. Nicht nur in den dreißiger Jahren, als der Kirche die unmittelbare Gefahr der physischen Vernichtung drohte, sondern bis in die heutige Zeit. Du warst damals diejenige, die im Namen der Kirche vor den Machthabern erschien und sich weigerte, ihnen den Schlüssel der Kirchen zu übergeben, damit sie sie in Klubs und Lagerräume hätten umwandeln können; du warst diejenige, die sich vor die Traktoren warf, die von den Machthabern angewiesen worden waren, die Dorfkirchen niederzureißen. Auf deinem gebeugten Rücken ruht auch heute das kirchliche Leben und die heilige Frömmigkeit Rußlands. Du beichtest auch die Sünden deiner Schwiegertochter, die wegen ermüdender Arbeit in der Fabrik, langem Schlangestehen vor den Geschäften und in der Kommunalküche an Hysterie erkrankt ist; du beichtest die Sünden deines Sohnes, den die

Hoffnungslosigkeit und vielfältiger Druck in die Trunksucht getrieben haben; du ersuchst die Geistlichen um Rat für deine Kinder und Angehörigen und vertrittst sie in deinen unaufhörlichen Gebeten vor Gott. Du faltest die kleinen Hände deiner unbefangenen Enkel zum Gebet; für sie ist dein Beispiel einprägsamer und lehrreicher als all die Mittel eines gottlosen Schulunterrichts. Weil du die lebenspendenden Sakramente der Kirche mit ganzem Herzen aufgenommen hast, bist du heute stärker als alle Geister der Finsternis: Durch deine demütige Liebe zerstörst du alle Feinde der ewigen Werte des russischen Volkes. Du wirst mit deinen Enkelkindern, die den Geist Christi von dir empfangen haben, über die falschen Werte und die Gewaltherrschaft dieses Jahrhunderts siegen.

Noch hätte ich diesen Ort nicht verlassen, der einem den Blick auf die leuchtende Zukunft Rußlands durch die heilige Handlung der Reue öffnete, doch zogen mich meine zwei Mitbrüder am Ärmel. Was kann ich tun, sie können sich in unser slawisches Drama nicht einleben. Sie möchten im weiten Rund dieser geheimnisvollen, beredten Nacht so viele Eindrücke wie möglich sammeln.

Wir lenkten unsere Schritte zur nächsten Kirche. Links von uns befand sich ein niedriges profanes Gebäude. Aus ihm traten ganz andersartige Gestalten heraus. Der Widerhall ihrer Schritte klang militärisch. Ja, als sie näherkamen, sahen wir, daß es Polizisten waren. Einer von uns sagte, daß er sie schon am Abend bemerkt hätte, als sie in einem Lastwagen durch den Haupteingang fuhren. Welch Paradoxon! Dieselben, die über sieben Jahrzehnte an der Vernichtung der russischen Kirche gearbeitet haben, stehen heute machtlos vor der religiösen Kraft des Volkes. Vor der moralischen Rüstung dieses Volkes scheinen sie wie entwaffnet!

Vor der Seitentür der vor uns liegenden Kirche, auf der halbrunden Treppe, standen ungefähr zwanzig Gestalten mit Kopftüchern. Eine volle, feste weibliche Stimme sprach gleichmäßig einen Text in Versen, als ob es sich um eine Rezitation handeln würde. In der ganzen näheren Umgebung hörte man nur diese Stimme und ein wenig weiter weg den Widerhall der Schritte des diensthabenden Polizisten mit der Maschinenpistole über der Schulter. Langsam gingen wir um die Kirche herum. Vor ihrem Haupteingang befand sich eine größere Gruppe von Gläubigen und wartete auf Einlaß. Wir setzten unseren Weg auf dem breiten gepflasterten Pfad fort, um den Rundgang bei jener Gruppe zu schließen, die jetzt die Treppe herunterkam. Wir beschlossen, kleine Kreuze und Ikonen unter sie zu verteilen. Als die ersten unsere Gaben erhalten hatten und begannen sich zu bedanken, wandten sich uns alle anderen mit ausgestreckten Händen zu. Es waren Frauen in mittleren Jahren, auf deren sanften Gesichtern der rührende Ausdruck von Dankbarkeit für unsere Gaben lag. Ich bemerkte, daß eine von ihnen ein zusammengerolltes Heft in der Hand hielt, und fragte sie, ob sie diejenige gewesen sei, die vorhin vorgelesen habe, und sie bestätigte es. Ich fragte sie, was sie gelesen habe. Sie zeigte mir das Heft und sagte: „Das sind Christi Leiden für uns und unsere Leiden für Christus." – „Und wer hat das geschrieben?" – „Wir schreiben das ab", sagte sie. Ihre Freundin zog sie mit sich fort, und sie schloß sich als letzte der Gruppe an und entfernte sich.

Eine Weile standen wir reglos da und schwiegen. Diese Atmosphäre bewirkt, daß man nur Empfangender ist, sein Herz öffnet und es sich füllen läßt. Was gab es da noch zu sagen, was zu kommentieren? Diese geistige Fülle, die in der Luft vibrierte, bewegte einzig das Herz und die Tränen.

Wir gingen einige Dutzend Schritte weiter und bogen dann nach rechts zu drei Kirchen ab, die in Richtung der Klosterpforte lagen. Im weiten Rund der Anlage war es immer stiller geworden; die Kirchenfenster waren von innen erleuchtet; überall wartete das Volk während der Nachtwache auf die Beichte. Wir gingen langsam weiter. Rechts und links lagen die müden Menschen wie Garben zusammen und hatten sich einem seligen Schlaf ergeben.

Wir kamen zum Haupteingang der ersten Kirche. Sie war voll. Gläubige standen davor und warteten. Wir setzten unseren Weg fort, sahen an der Mauer zusammengekauerte Pilger, hier und dort Kerzen, die ein frommes Gesicht, über ein Gebetbuch geneigt, erleuchteten.

„Wir sollten es vermeiden, aufzufallen", bemerkt einer von uns. „So viele Menschen müssen warten, da die Beichtväter nicht nachkommen. Jeder, der uns sieht, wird sich fragen, warum nicht auch wir unsere Pflicht tun." Dieser neue Gedanke machte uns unsicher, denn ursprünglich hatten wir die Absicht gehabt, diese Nacht als Beobachter durchzuwachen und uns am Glauben und Gebet dieses Volkes Gottes zu stärken. Deshalb besuchten wir die dritte Kirche nicht mehr, sondern begaben uns mit schnellen Schritten zu unserer Unterkunft.

Die Starzen

Woher kommt in diesem Volk dieser Glaube, diese Reue und diese Kenntnis vom kirchlichen Leben?

Die einzige Erklärung ist das russische Starzentum, das der hl. Antonij im 11. Jahrhundert und später Paisij Velitschkowskij im 18. Jahrhundert vom Heiligen Berg nach Rußland brachten.

Das Starzentum ist eine charismatische Erscheinung innerhalb der Ostkirche und nicht irgendeine rechtliche Institution. Starez ist ein in geistlichen Fragen kundiger und erfahrener älterer Mönch, dessen Charisma das Volk erspürt, dem es sich öffnet und ihm seine geistliche Führung anvertraut.

Die Starzen bemühen sich durch Askese, durch freiwillig auf sich genommenes Leiden und durch Gebet innerlich zu reifen. Bevor sie auch nur daran denken, jemanden zu unterweisen, legen sie den langen asketischen Weg durch das Schweigen zurück, bis sie endlich volle innere Ruhe und Inbrunst erlangt haben. Ihr ganzes Leben versuchen sie, sich Gott zu nähern, und erreichen durch dieses Bemühen eine derartige Größe der Seele und Ausgeglichenheit des Charakters, daß sich ihr Leben und ihr Verhalten in eine geheimnisvolle, ungetrübte Freude verwandelt. Ihr wichtigstes Streben zielt auf die Vereinigung mit Gott, und wenn sie diese Vereinigung erreicht haben, sind sie von innerer Schönheit erfüllt. Ihre Seelenruhe und Milde gegen die Menschen strahlen einen wunderbaren geistlichen Duft aus. An ihnen erfüllt sich das Wort: „Wer andere erretten will, der muß erst selbst errettet werden."

Die Starzen sind ihrer geistigen Struktur nach sehr einfache Menschen. Das ist jene kristallene, evangelische Einfachheit, die nichts Besonderes sein will und deshalb so unbeschreiblich viel wert ist. Aus ihren Augen leuchtet jene kindliche Offenheit, die Gott dem Urmenschen eingepflanzt hatte. Sie sind immer voller Milde und Verzeihen, doch hat das nichts mit Sentimentalität zu tun. Sie lehnen die Welt nicht ab, sondern möchten sie von ihren Schwächen und Lastern reinigen.

Was haben sie den Menschen anzubieten, und was haben sie von ihnen verlangt?

Der Starez lehrt an einem einfachen Beispiel, wie man leben soll: wie ein Rad, das nur mit einem kleinen Teil den Boden berührt, bei dem alles andere aber nach oben strebt. Der Starez zeigt jedem das wichtigste Lebensziel und hilft dabei, daß alle danach trachten, es zu erreichen. Er sagt: „Die Liebe ist die größte Tugend. Wenn du aber fühlst, daß du keine Liebe in dir hast, sondern nur danach strebst, dann beeile dich, Werke der Liebe zu vollbringen, und Gott wird, wenn er deinen guten Willen sieht, die Liebe in dein Herz einziehen lassen."

Der Starez sorgt sich immer um die geistliche Erneuerung des Menschen und seine Befreiung von der Sklaverei des Körpers und der Welt. Er führt seine geistlichen Kinder schrittweise vorwärts, paßt seine Anweisungen ihrer geistlichen Entwicklung an und bürdet ihnen keine Last auf, die sie nicht tragen können.

Der Starez sagt mit Nachdruck, daß man im geistlichen Leben kein Selbstmitleid mit den Wünschen des Ego haben darf. Wenn uns der Herr in der Erlangung der Tugend helfen soll, meint er, müssen wir selbst vorher größte Anstrengungen vollbringen. Er lehrt, daß man durch Selbstentsagung erbarmungslos gegen die Selbstliebe kämpfen muß, und das tagtäglich, angefangen bei den kleinsten Dingen.

Nach den Starzen ist derjenige, der nicht mit sich selbst kämpft, von vornherein verloren. Sie lehren, daß das wahre Ziel des christlichen Lebens nicht in äußeren, sondern in „geistlichen Taten" liegt, in der Verwirklichung der Gemeinschaft mit Gott, in der Wachheit sich selbst gegenüber, im Kampf mit sündhaften Neigungen und in der Erziehung des Herzens.

Mehr als mit Worten lehren sie durch ihr eigenes Leben. Sie sind den Menschen gegenüber von Verständnis und Verzeihen erfüllt. Der Starez Ambrosij bereute, daß er in jungen Jahren streng war, denn die Menschen, meinte er, hätten ohnehin große Leiden zu ertragen. Und der Starez Theophan sagte: „Im allgemeinen scheint mir, daß die Menschen nur aus Versehen nicht vollkommen gut sind – denn eigentlich sind sie in Wahrheit gut. Deshalb ist es besser und gerechter, sie alle für Heilige zu halten und nur gegen sich selbst mit aller Strenge kritisch zu sein.“ Es lohnt auch, den Starzen Leonid zu erwähnen: „Viele, vor allem aus dem einfachen Volk, gehen wegen ihrer Unwissenheit zugrunde. Sie brauchen geistliche Hilfe. Wie könnte ich mich nicht ihres zum Himmel schreienden Unglücks erbarmen ...“

Das gottesfürchtige Volk glaubt, daß es in keiner Situation von den Starzen verlassen wird, daß sie niemanden verurteilen, sondern der leidenden Welt, trotz aller Sünden, ihren Segen nicht verweigern.

Die Gesichter der großen russischen Starzen standen in dieser Nacht vor meinen Augen: von Sergij Radoneschkij, von Nil Sorskij, Paisij Velitschkowskij, Theodosij, Athanasij, Seraphim von Sarow; dann von Leonid, Ignatij, Makarij, Ambrosij, Nektarij, Theophan dem Klausner und von anderen bis hin zu Johannes von Kronstadt und allen bekannten und unbekannten bis zum heutigen Tag. Und ich erinnerte mich auch des Schriftstellers Kirjejewskij, der nach vielen Gesprächen mit den Starzen seiner Zeit gesagt hat: „Wichtiger als alle Bücher und Meinungen ist es, einen orthodoxen Starzen zu finden, der dir ein Führer sein kann, ihm kannst du jeden Gedanken anvertrauen. Von ihm wirst du nicht seine eigene, mehr oder weniger kluge Meinung hören, sondern das unmittelbare Urteil der heiligen Väter. Gott sei Dank gibt es solche Starzen noch in Rußland.“

Erinnern wir uns auch an Leo Tolstoj, wie er, als Bauer verkleidet, vor sich und der Welt floh und an die Tür von Optina Pustin klopfte. Er hat gesagt: „Das russische Volk hat es nur den Starzen zu verdanken, daß sich in seinem Herzen das wahre Antlitz Christi erhalten hat . . ." Dieser selbe, von den Narben geistlicher Leiden gezeichnete Tagelöhner Christi aus Jasna Poljana hat offen bekannt, daß der Starez Ambrosij ein durch und durch heiliger Mann war: „Ich habe mich mit ihm unterhalten, und meine Seele war voll von Licht und Freude. Wenn man mit einem solchen Menschen spricht, hat man das Gefühl, daß Gott nah bei dir ist."

Wer die russischen Starzen kennt, sei es durch ihre eigenen Schriften oder durch Bücher über sie, kann leicht begreifen, wie die russische Kirche und das russische Volk bis zum heutigen Tag Christus treu bleiben konnten. Es rettete sein geistliches Leben in der grauenhaften russischen Apokalypse der letzten Jahrzehnte durch tiefe Reue, unermeßliche Demut und eine Geduld, die nur mit der göttlichen vergleichbar ist. Einzig durch eine derartige Erziehung des Volkes läßt sich verstehen, wie es dem Christentum in Rußland gelungen ist, durch seine „verlorene" Schlacht zu siegen!

Sie kommen in Scharen

Seit der letzten Nacht hatte ich vor, mir diese Klosterfestung von außen anzusehen. Ich hatte Zeit genug, da wir erst an der dritten feierlichen Liturgie, um halb zehn, teilnehmen sollten.

Ich ging auf den Ausgang zu und betrachtete im Klosterhof das Meer von Menschen. Die Kirchen, in denen jetzt die morgendliche Liturgie gefeiert wurde und das Volk kommunizierte, sahen aus wie Inseln.

Auf dem weitläufigen gepflasterten Platz vor dem Kloster kamen in Scharen einfach gekleidete Menschen an. Ihre innige Frömmigkeit spiegelte sich in ihren Bewegungen. Sie näherten sich nicht langsam dem Kloster, sondern eilten ihm zu. Unaufhörlich bekreuzigten sie sich und hoben bald ihre Köpfe zu den goldenen Kuppeln auf den hohen Kirchen oder neigten sie zur Erde. Im letzten Kloster, Petschorij, hatte mich ein Gemälde innerlich bewegt, auf dem sich das Volk auf dieselbe Weise der Kirche näherte, doch dachte ich mir, daß die Bewegungen und die Atmosphäre in diesem Bild mehr die Frucht der Frömmigkeit des Künstlers seien. Jetzt sah ich, daß dieser Meister nur ein treuer Kopist der Wirklichkeit gewesen war!

Ich beeilte mich, das riesige Rund des Klosters, diese einzigartige Festung des russischen Mittelalters, zu umgehen. Die Mauern waren hoch, Türme wuchsen im gleichen Abstand voneinander aus ihnen heraus und überragten sie. Als ich den Turm erreicht hatte, der die Ecke bildete und erheblich größer als die anderen war, mußte ich innehalten. Man konnte nicht weitergehen. Auf der anderen Seite war ein Abhang. Ich mußte einsehen, daß meine Absicht nicht zu verwirklichen war, dieses einzigartige architektonische Objekt auf ein Photo zu bringen. Nicht nur, um es vorzeigen zu können, sondern um auch später darüber berichten zu können, was sich alles in seinen Mauern zuträgt – hier, wo sich fortwährend Himmel und Erde begegnen. Ich hätte mehr räumlichen Abstand gebraucht. Meine Photoausrüstung, die ich mit mir trug, konnte mir dabei nicht helfen. Außerdem hatte mich plötzlich Furcht erfaßt, sei es vor dem unbekannten Raum außerhalb der Festung, oder sei es, weil ich durch diese Beschäftigung bei den anwesenden frommen Menschen unangenehme Fragen hätte hervorrufen können – ich weiß es nicht.

Ich kehrte zurück und blieb ein Stück weit vom

Eingang entfernt neben einem kleineren Gebäude stehen. Ich wollte nicht auffallen, aber aufmerksam den Strom von Menschen beobachten, der ankam.

Ich sah nur Farben und Bewegung. Wie auf einer Leinwand zogen Gesichter vorbei – ernst, voll Schwermut und Erwartung. Alle Altersstufen, von 10 bis 60 und 70 Jahren, waren zu sehen. Zum größten Teil Frauen, vereinzelt auch Männer. Ich wollte in diesen Gesichtern alles lesen, was es in ihnen zu lesen gab, doch gelang mir das von meinem Blickwinkel aus nicht; das Profil sagt in dieser Hinsicht wenig aus. Aber die Bewegungen: der Gang, die Haltung der Kinder, wie sie an der Hand der Erwachsenen gingen, die Begrüßung des Klosters mit dem Kreuzeszeichen, die leisen Hilferufe der Seele, die unterschiedlichsten Ausdruck fanden – all dies ließ den Eindruck entstehen, daß dieses Volk weiß, was es will, weiß, wohin es geht und was es sucht.

Nadja – krank, um andere zu heilen

Plötzlich entstand am Rand dieses Pilgerstroms ein kleiner Tumult, eine Unstimmigkeit in den Bewegungen. Man hörte Stimmen. Während ich mich diesem Geschehen zuwandte, lösten sich vier Personen aus der Menge und kamen auf mich zu. Eine junge Frau von etwa dreißig Jahren wurde von zwei Frauen, die etwas älter waren, geführt, ja fast getragen. Hinter ihnen ging ihre Mutter. Sie beruhigten die junge Frau und wiederholten ihren Namen „Nadja, Nadja“, während Nadja fortwährend ihre Arme nach mir ausstreckte und ihr Gang so unsicher war, daß sie niederstürzte und für Augenblicke das Bewußtsein verlor.

Die Menschen zogen weiter, nur die Köpfe drehten sich nach uns um. Ich eilte Nadja entgegen, um ihr den Weg abzukürzen, und ergriff ihre ausgestreckten Hände. Sie legte den Kopf auf meine Hände und wiederholte mit leiser, trauriger Stimme immer wieder ein für mich unverständliches Wort.

Ihre Mutter trat auf mich zu und erklärte mir, daß Nadja an Epilepsie leide, ergriff darauf den Saum meiner Kutte, und sie und die anderen zwei Frauen küßten ihn. In diesem Augenblick wurde es in meinem Inneren still, und ich betete zum Herrn, er möge an Nadja das tun, was ich gerne tun würde, was aber nicht in meiner Macht stand. Ich verstand zum ersten Mal in aller Klarheit und realen Bedeutung, daß wir, die wir uns Christus geweiht haben, von Ihm die Vollmacht erhalten haben, jede Krankheit zu heilen ... (Mt 10,1). Und doch, ich vermag es nicht! Um diese Ratlosigkeit angesichts meiner Ohnmacht und um Nadjas verratene Hoffnung zu überbrücken, sagte ich ihrer Mutter, daß ich für Nadja auf dem Heiligen Berg beten werde. Als sie das hörten, erstrahlten ihre Gesichter vor Dankbarkeit. Wieder ergriffen sie die Kutte, um sie zu küssen, und wollten mit Nadja den Weg zum Kloster fortsetzen. Sie aber rührte sich nicht; wieder und wieder drückte sie meine Hände und flüsterte etwas. Mein Geist stand still. Ich ging Nadjas Gedanken in meinem Innern nach und begegnete – einem Abgrund von Leere. Ihre Hoffnung und meine Ohnmacht standen sich noch immer gegenüber. Das starke Gefühl dieser Ohnmacht und meiner Schuld dafür verband sich mit Nadjas Händedruck und ihrem schmerzerfüllten Flüstern, und die Augenblicke wurden zur Ewigkeit. Voll Erregung schaute ich ihre Mutter und ihre Verwandten an, und diese schauten traurig, mit tränenerfüllten Augen auf Nadja.

Nadja hob langsam den Kopf, richtete ihn auf und schaute mir gerade in die Augen. Oh, wären meine

Augen wie ihre, sie wäre in dieser Stunde geheilt gewesen! Wenn es auf dieser Welt etwas Unirdisches gibt, so waren das ihre blauen Augen. Vielleicht ist Nadja ein Engel des Herrn, kam es mir in den Sinn, der das Leiden auf sich genommen hatte, um andere zu retten; Krankheit, um andere zu heilen; die Fallsucht, um andere aufzurichten. War sie heute nicht hierhergekommen, um mich zu treffen und mir meine ganze Ohnmacht und Armseligkeit zu zeigen? In Rußland unterscheidet man heute die Werte, nach denen gelebt wird, klarer. Man lebt mit größerer Entschiedenheit für die höchsten Werte als sonst irgendwo, einschließlich des Athos. Der Grund für dieses Unterscheidungsvermögen und diese Klarheit aber ist das Leiden! Die Seele Rußlands zeigt uns, daß wir uns noch nicht genügend an das Kreuz Christi halten, daß wir das befreiende Leiden noch nicht so bejahen, wie Rußland dies tut. Der Glaube jedoch wird ohne das Leiden leicht zu einer halbherzigen Angelegenheit, und aus dieser entsteht dann jegliche Verirrung im menschlichen Leben!

Nadja hatte das Ihre getan und setzte ihren Weg fort. Der Blick ihrer Augen blieb in mir als Mahnung zurück: Wer nicht freiwillig (durch Askese) seiner Läuterung wegen leidet und dadurch zu einem Arzt für die Leidenden wird, wird gezwungen werden, hier oder in der Hölle zu leiden . . . Von diesen Gedanken erfüllt, begab ich mich zu den Meinigen in unser Quartier zurück.

Die heilige Liturgie – das große Fest des Gebetes und der Hingabe

Wir gingen los, immer zu zweit, um leichter durch die Menge der Pilger zu kommen. Aber sie machten uns Platz, begrüßten uns und schauten uns mit Inbrunst an. Plötzlich wurde die Spitze unserer kleinen Kolonne langsamer und hielt an. Wir hörten, wie unser Führer Grigorij bald griechisch, bald russisch sprach. Die Gesichter derjenigen, die sich unter uns gemischt hatten, kamen uns bekannt vor. Das waren doch die Bediensteten aus unserem Hotel! Sie küßten unsere Hände und baten um Ikonen, kleine Kreuze und Weihrauch. Sie hatten im Hotel gesehen, daß wir diese Gegenstände bei uns tragen, aber nur hier, in der Masse, konnten sie an uns herantreten und uns darum bitten. Für meine griechischen Gefährten waren das sonderbare Erscheinungen und ungewöhnliche Erkenntnisse.

Wir kamen zur Kirche, die das Zentrum der Klosteranlage bildete und der Heiligen Dreifaltigkeit geweiht war. Das Innere war groß und mit Menschen angefüllt. Aus unserer Gruppe zelebrierten nur die Archimandriten Emilianos und Chrysostomos mit. Für uns andere war ein eingefaßter Platz vorgesehen, von dem wir einen freien Blick auf den Altar und das Volk hatten. Mit uns war ein Filmteam hier – Amerikaner. Die Behörden geben die Genehmigung für solche Aufnahmen gern, damit man dem Westen leichter glauben machen kann, die Kirche sei hier frei.

Im Altarraum fanden große Vorbereitungen statt. Es waren dort Bischöfe, Archimandriten, Priester, Diakone. In der Kirche warteten alle. Das Volk glich einem Körper mit unzähligen Köpfen. Wenn jemand etwas sagte, so geschah das leise und verhalten. Auch draußen, wo Tausende warteten, war kein Lärm, vielmehr hörte man Lieder oder leises Gemurmel. Die Menschen waren erfüllt von Gebet und Erwartung. Ständig hatte man das Gefühl, daß etwas Großes geschehen würde oder geschah. Die Atmosphäre hier im Raum wirkte erhaben. Sie entstand aus der Gemeinschaft von Priesterschaft und Volk – einem Volk mit Kopftüchern. Das erinnert an die salbentragenden Frauen vor dem leeren Grab Christi, die als erste die Auferstehung verkündeten, es erinnert daran, daß der Glaube zuerst von Frauen weitergetragen wurde und im heutigen Rußland ebenfalls von Frauen weitergegeben wird. Vater Longin sagte mir, daß in Kürze der Patriarch von Alexandria in Begleitung des russischen Patriarchen ankommen und gleich darauf die heilige Liturgie beginnen würde. Die Meßdiener machten sich daran, einen schmalen Teppich zur Eingangstür des Gotteshauses auszurollen. Ich fragte mich, wie sie das bewerkstelligen wollten, da die Menge vor ihnen wie aufgegangener Teig war. Und doch lag Frieden auf ihren Gesichtern. In diesem Augenblick trat ein wohlgestalteter Diakon aus dem Altarraum, öffnete vor der Solea die eisernen Türen, gegen welche die Gläubigen vorher ihre Brust und ihre Köpfe gelehnt hatten, und gab mit der Hand ein Zeichen, man solle den Durchgang frei machen. Ohne ein Wort oder Geräusch zog sich die Menge zu beiden Seiten zurück, und der Teppich wurde zum Eingang gerollt. Zwei Bischöfe, einige Äbte und mehrere Erzpriester erwarteten die Patriarchen an der Tür. Jetzt bewegte sich dieser Zug zum Altar, vor dem in zwei Doppelreihen etwa 50 Liturgen standen, während zwei gemischte Chöre abwechselnd von der Galerie das „Is pola eti despota“ (griechisch: „Auf viele Jahre, Gebieter“) sangen.

Die Liturgie nahm ihren Anfang, doch auf besondere Art und Weise. Alles hatte russische Ausmaße:

die Größe dieser Kathedrale, die riesige Anzahl der Gläubigen, die Stimmgewalt der Chöre, das byzantinische Ritual voller Farben und Bewegung, die lange Dauer des Gottesdienstes und, zum Schluß, die massenhafte Teilnahme an der Kommunion. Den amerikanischen Kameras wurde etwas Großartiges geboten, um es in den Westen zu übertragen, falls dieser in der Lage und willens war, all das richtig zu sehen und zu verstehen.

Vater Longin lenkte meine Aufmerksamkeit auf eine Gestalt, die uns gegenüber stand und durch die Farbe des Talars auffiel. Es handelte sich um einen Kardinal der römischen Kirche. Er stand allein, umgeben von russischen Babuschkas. Es war ein einzigartiges Bild. In seinen Händen hielt er ein Buch und schaute hinein; allem Anschein nach verfolgte er mit dessen Hilfe die heilige Liturgie. Offensichtlich störte er seine Umgebung nicht beim Gebet; und sie ihn noch weniger. Mein nachdenklicher Blick blieb länger auf dieser Szene haften; dann machte ich eine Aufnahme, um sie später bei einer günstigen Gelegenheit unseren „Zeloten“ auf dem Heiligen Berg zu zeigen, die die Russen aufgrund ihres aktiven Dialogs mit dem Vatikan für Verräter an der Orthodoxie halten.

Nach dem erhaben gesungenen Cherubim-Hymnus begann der feierlichste Teil der Liturgie – die Eucharistie. Ich sammelte alle Kräfte, um mich zu konzentrieren, schloß die Augen und versuchte, mich von der Welle der in der Kirche gegenwärtigen Gebetshaltung tragen zu lassen. Ich suchte das fromme Schwingen der russischen Seele, um mit ihr, auf ihre Weise, Christus zu erleben, der unseretwegen gekreuzigt wurde und auferstanden ist. Doch wollte dies nur teilweise gelingen. Ein Willensakt allein kann nicht das erreichen, was der Spontaneität in einem gegebenen Augenblick möglich ist. Ich hatte mich von Anfang an darauf vorbereitet, nur zu empfangen, in mich aufzunehmen, zu registrieren und mich erst später, in der Stille des Heiligen Berges, in diese Erlebnisse zu vertiefen und einzuleben. Daher auch die Angespanntheit der Sinne und vor allem des Verstandes. Beunruhigt, wie ich war, lenkte ich meinen Blick in meine unmittelbare Umgebung. Ein Gesicht vor mir sah aus wie eine brennende Kerze und leuchtete in der Andachtsfülle. Dieser Anblick richtete mich wieder auf und gab mir das Gleichgewicht zurück.

Indem ich mich wieder mit dem Gang der Eucharistie verband, wanderte mein Blick vom Volk zur Königspforte. In diesem Augenblick rief ein stattlicher Diakon mit einem hohen Bariton: „. . . In Weisheit lasset uns aufmerken“, wandte sich dann zum Volk, ging mit einigen leichten Schritten über die Solea, während er noch immer den letzten Ton hielt, und begann, begleitet durch die rhythmischen Bewegungen seiner weit ausgebreiteten Arme, mit dem Volk das Glaubensbekenntnis zu singen. Tausende von Stimmen schmolzen zu einer. Der Bariton des Diakons schwebte über allen, während die vulkanische Lava der dunklen Priesterstimmen aus dem Altarraum das Volk mit dem Klerus in demselben Bekenntnis verband.

Gegen Ende der Liturgie wurde ich erneut von Unruhe erfaßt. Der Wunsch, all das Ungewöhnliche, welches ich hier erlebte, später den anderen durch Bilder zu vermitteln, damit sie in ihrem Glauben erfrischt und gestärkt werden würden, verfolgte mich und ließ mich wieder zur Kamera greifen. Das Für und Wider wechselten sich gleichsam mit der Geschwindigkeit meines Pulsschlages ab. Das griechische Wort „photographia“ haben als erste die heiligen Väter des Ostens benutzt. Dieses Wort bedeutet „mit Licht schreiben“. Nach ihnen soll unser ganzes Leben

„Photographie" sein, und ich wünschte nichts mehr, als dieses Licht im Leben des russischen Volkes denjenigen zu vermitteln, die Rußland umgeben von Dunkelheit sehen, damit sie begreifen können, daß inmitten dieser Dunkelheit – die ihm auferlegt wurde und mit allen Mitteln der Administration und der „Bildung" verbreitet wurde – das „stille Licht" Christi hell leuchtet und die Nacht immer mehr zum Verschwinden bringt.

Durch diese Überzeugung ermutigt, ging ich mit Vater Longin hinaus, um einen geeigneten Platz zu finden, von dem aus man die bevorstehende Prozession mit der Ikone des heiligen Sergij gut aufnehmen konnte. Dank der Tatsache, daß das Volk in allem und auf jede Weise den Priestern den Vortritt läßt, hatten wir uns leicht einen Platz gesichert, von dem aus man sehr gut die Bewegung des Volkes auf dem offenen Platz vor uns verfolgen konnte. In den anderen Kirchen war die Liturgie bereits beendet, und der Hof des Klosters war voller Menschen. Meinem Objektiv boten sich die schönsten Details. Drüben, zur kleinen Kirche hin, wo die Reliquen des hl. Sergij ruhten, stand im Strom der allgemeinen Bewegung eine Gruppe von etwa 50 Gläubigen und sang. In ihrer Mitte dirigierte eine vitale alte Frau mit scharfen Bewegungen der Arme ein geistliches Volkslied und sang selbst aus voller Seele. Es war rührend anzusehen, wie sie sich nach einigen Takten immer wieder bekreuzigte und dann mit dem Dirigieren fortfuhr.

Jetzt fiel mir immer mehr ins Auge, daß die Miliz ständig auf und ab ging. Ich suchte durch mein Objektiv nach jungen Menschen. Eine jüngere Frau bemerkte, daß wir zwei nicht russisch, sondern etwas ähnliches sprachen. Sie fragte uns, wer wir seien, und stellte sich dann selbst als Ausländerin vor. Eigentlich war sie eine Lehrerin aus der Umgebung von Taschkent und war von weither gekommen, um hier das Abendmahl zu empfangen. Ansonsten war sie Griechin, die von Markos' Partisanen aus den Armen der Mutter gerissen und von ihnen verschleppt worden war. Als ich ihr sagte, daß sieben griechische Athos-Mönche hier seien, ging sie sofort los, um sie zu suchen. Das Weitwinkelobjektiv erfaßte von meinem erhöhten Platz aus alles: das Volk, das wie eine blumenübersäte Wiese aussah, eine kleine und mehrere größere Kirchen und in der Tiefe einen ungewöhnlich hohen Glockenturm. Zwischen diesen wunderschönen Bauwerken, auf deren Türmen Gold glänzte und Kreuze strahlten, standen riesige Bäume mit üppigen Kronen, welche die vielen Menschen vor den Sonnenstrahlen schützten. Weiter hinten, in der Nähe jener singenden Gruppe, befanden sich einige Milizionäre. Die alte Frau gab ein Zeichen, und plötzlich ertönte ein donnerndes Glaubensbekenntnis.

Die Prozession mit der Ikone des hl. Sergij sah jetzt wie eine Strömung auf der Meeresoberfläche aus. Das Volk drängte sich vor, um sie zu sehen, sie mit einem Gebet zu begrüßen, sie nach Möglichkeit zu berühren und sich in ihrer Nähe zu verneigen. Die Miliz versuchte mit allen Kräften, das Volk zurückzuhalten, indem sie die Masse mit ihren Rücken zurückdrängte, um der Ikone, die von zwei Patriarchen und vielen Priestern begleitet wurde, einen Weg zu bahnen. Doch reichte die Kraft dieser Staatsorgane bei weitem nicht aus. Das Volk wollte gerade hier seine Übermacht zeigen. Erst als ein Priester ein Zeichen gab, daß die Masse sich zurückziehen sollte, tat sie das sofort. Dieses offensichtliche Autoritätsgefälle zugunsten der Kirche hinterließ bei uns einen gewaltigen Eindruck.

Patriarch Pimen und das Geheimnis des Kompromisses

Nach der Prozession wurde unsere Gruppe, entsprechend dem Protokoll, zum Empfang beim Patriarchen Pimen geführt. Er ist gemäß der Tradition des Klosters sein Abt – sein Archimandrit. Wir betraten einen großen Raum. Die Türen, die Fenster, die Einrichtung – alles war einfach gestaltet, doch aus bestem Material und mit Sachverstand gefertigt.

Der Patriarch hatte vor uns bereits seinen Mitbruder aus Alexandrien und andere, ranghöhere Gäste empfangen. Sei es vom langen Gottesdienst, vom Empfang, aus Altersgründen oder wegen seiner Krankheit: er sah äußerst müde aus. Drei Metropoliten standen in der Mitte des Saales bei ihm, Nikodim, Juvenalij und Philaret. Man hatte den Eindruck, daß sich der Patriarch durch die Kraft dieser drei auf den Beinen hielt.

Als wir uns seiner Person genähert hatten, gab er uns ohne Einleitung seine Geschenke und erbat mit einer rührend weichen, fast niedergeschlagenen Stimme unsere Gebete auf dem Heiligen Berg für die russische Kirche und für ihn. Ich begrüßte ihn auf russisch, und er drückte mir väterlich die Hand. In diesem Augenblick brachen alle alten Bilder und Urteile über ihn in sich zusammen. Überhaupt hatte ich nach allem Erlebten in diesen letzten Tagen beschlossen, die Menschen und Ereignisse in diesem Teil unserer orthodoxen Welt mit neuen Augen zu sehen. Denn es ist ganz sicher, daß es in diesem russischen „Sodom“ mehr als fünf oder zehn Gerechte gibt und daß der Herr dieses Volk erretten wird, unabhängig von seinen Staats- oder auch Kirchenführern; denn das bußfertige russische Volk hat seinen Führer allein in Gott, dem Allmächtigen, gefunden!

Nach dem Empfang gingen wir in ein sehr schönes mittelalterliches Refektorium, wo wir mit der Bruderschaft des Klosters zu Mittag aßen. Der Stellvertreter des Abts sprach zu uns Athos-Mönchen in seiner Begrüßung mit der größten Anerkennung für den ursprünglichen und Jahrhunderte währenden Beitrag zur Kultur des russischen Mönchstums, während Archimandrit Chrysostomos in unserem Namen unsere Dankbarkeit für die „neue Taufe" zum Ausdruck brachte, die wir während unseres Besuchs durch die russische Frömmigkeit erfahren hatten.

Auf dem Platz vor dem Kloster, wo sich das Volk bunt durcheinander bewegte, warteten die „Tschaikas" wieder auf uns. Sie waren plump, erinnerten an Panzer, hatten zwei Auspuffrohre und bildeten einen starken Kontrast zu dieser geistig erfüllten Umgebung. Wie mochte das Volk in dieser Stunde über uns urteilen, wie mochte es den Widerspruch zwischen dem Heiligen Berg und den „Tschaikas" lösen, die der Staat dem Patriarchat für uns zur Verfügung gestellt hatte. Das Volk weiß, daß der Staat hier der Träger all dessen ist, was das äußere Leben ausmacht. Er hatte auch die „Panzer" geschickt, um uns Athos-Mönche herumzufahren; er, der keinen Gott kennt und die Menschen verachtet, die Gläubigen vor allem und uns besonders, die wir durch unsere bloße Anwesenheit unseren Glauben bezeugen. Welch Paradoxon! Hier wollten sie uns „dienen", und wir akzeptierten das. Eigentlich machten wir Zugeständnisse, um jene gewaltigen geistigen Schätze erleben zu können, die ihren Ursprung im Glauben und der Inbrunst dieses reumütigen Volkes haben. Und sie machten von ihrer Seite Zugeständnisse, um auf politischer Ebene im Westen einige Punkte zu gewinnen. Beide Seiten hatten ihr Ziel erreicht. O Herr, wie ist das doch im Leben, nicht nur heute, sondern durch die ganze

Geschichte des Menschengeschlechts. Im Mittelpunkt dieser Geschichte – bei Christus, gibt der Apostel Petrus dem Vollstrecker der Macht, dem gottlosen Steuereinzieher, ein Goldstück. Warum? „Gebet dem Kaiser, was des Kaisers ist, und Gott, was Gottes ist", hat ihm sein Lehrer gesagt!

Das Geheimnis des Kompromisses zieht sich durch unser ganzes Leben, durch das des einzelnen und der Gesellschaft. Nur derjenige, der nicht aus Eigensucht Kompromisse eingeht, nur derjenige, der, durch den Geist Gottes erleuchtet, die Grenzen des Kompromisses erkennt und sie nicht überschreitet, dem kann es einzig gelingen, durch das Annehmen des kleineren Übels das größere zu vermeiden; oder, indem er den kleineren Schaden erträgt, größeren Nutzen daraus zu ziehen. Deshalb bedürfen wir der geistigen Wachheit in jedem Augenblick unseres Lebens, und wenn man ohne Absicht und aus Schwäche doch sündigt – bleibt die Reue; sie ist es, die unseren geistigen Blick vor der Verfinsterung bewahrt.

Es ist bekannt, daß die orthodoxe Kirche – jene Schatzkammer göttlicher Gnade und Lebensweisheit – in ihrer historischen Entwicklung diese zwei Grundsätze angewandt hat: „Akribia" (Anwendung der kanonischen Vorschriften in ihrer ganzen Strenge) und „Ikonomia" (Anwendung der kanonischen Vorschriften in milderer Form), d. h. sie hielt sich strikt an die Erfüllung der Buchstaben der Kirchenvorschriften, paßte sich aber auch den Umständen an. Mit anderen Worten, die Kirche steht immer vor Gott, wenn es auch viele Male in der Not unausweichlich war, sich in den Strudeln der gesellschaftlichen Wirrnisse und Veränderungen „geschickt" zu verhalten. Das ist das Kreuz, welches wir und sie auf dieser sündigen Erde zu tragen haben.

Diese Feier zu Ehren des hl. Sergij von Radonesch,

welche der Anlaß für unsere Fahrt nach Rußland gewesen war, sollte der Kulminationspunkt unseres Besuches sein.

Ich muß gestehen, daß es meinem Bewußtsein vorher nicht möglich war, sich vorzustellen, daß man Gott auf dieser Erde auf solche Weise und in diesem Maße feiern kann.

Das Personal in der Rezeption begleitete uns nun mit liebevollen Blicken und bedankte sich vorsichtig für die gestrigen Gaben. Der geistliche Impuls, den sie von dort mitgebracht hatten, und die innere Verwandtschaft durch die heilige Atmosphäre, die wir gemeinsam eingeatmet hatten, verbanden uns; wir waren nicht mehr Fremde füreinander. Als ich den Schlüssel von meinem Zimmer abgab, zeigte mir die Diensthabende an der Rezeption heimlich unser kleines Kreuz an ihrem Hals. Sie steckte es wieder fort, legte als Zeichen ihrer Dankbarkeit eine Hand auf ihr Herz und machte eine sachte Verbeugung.

Bei den künftigen Athos-Mönchen

Heute wurden wir auf angenehmste Weise „degradiert". Unsere Taxifahrer standen vor Fahrzeugen der Marke Wolga. Sie waren dem Volk näher als unsere bisherigen Autos. Die Türen wurden freundlich geöffnet, und wir stiegen jeweils zu dritt ein. Die Fahrt ging zum Metochion (zur Filiale) des Klosters Panteleimon in Moskau. Ich hatte schon früher davon gehört. Es besteht seit zwei Jahren und dient dem Zweck, Kandidaten für das Kloster Panteleimon auf dem Athos, die das Moskauer Patriarchat aus den drei übriggebliebenen Männerklöstern ausgewählt hat, zu beherbergen. Sie warten hier auf die Erlaubnis des Ökumenischen Patriarchats in Istanbul bzw. des

Außenministeriums in Athen, um auf den Heiligen Berg kommen zu dürfen. Weil die Wartezeit Jahre dauert, leben sie hier in Hoffnung und Geduld und halten sich bereits an das gottesdienstliche Typikon, die Vorschriften für den Ablauf des Gottesdienstes, auf dem Heiligen Berg.

Auf der einstündigen Fahrt boten sich uns Bilder des Alltagslebens. Das, was sich von diesem Tag für immer einprägte, war der Platz der Frau im Arbeitsmechanismus der sowjetischen Gesellschaft. Obwohl es regnete, reparierten die Frauen gemeinsam mit den Männern in grober Kleidung und mit dicken Handschuhen den Straßenasphalt! An anderen Orten sahen wir, wie sie bei Neubauten auf ihren Armen und Schultern Ziegel und Zement zu den Mauern auf dem Betonfundament schleppten, da der Radius des Krans zu klein war. Als ob das Mittelalter im 20. Jahrhundert wiedererstehen würde! Und das in einem Land, wo genau dies überwunden werden sollte und das der Grund für so viele Opfer gewesen war.

Unterwegs sahen wir zwei große Friedhöfe; Kreuze überall. Das wirkte ermutigend. Auf den Gesichtern der mitfahrenden Mönche konnte ich einen freudigen Ausdruck sehen. Unser Chauffeur schwieg die ganze Zeit. Wenn wir ihn nach einem Objekt fragten, gab er uns sofort Auskunft, doch wollte er auf keine Frage über Lebensumstände, Löhne oder Preise etwas sagen.

Nachdem wir in einen dichten Wald eingebogen waren, begann es wie aus Kübeln zu regnen. Entlang der Straße tauchten ungewöhnlich hohe Mauern auf. Offensichtlich handelte es sich um Grundstücke, die verstreut in diesem gut gepflegten Wald lagen, doch war hinter den hohen Mauern kein Haus zu sehen. Ich fragte Vater Awel, wo wir uns befänden. Er antwortete mir leise, „in Peredelkino“, und gab mir zu verstehen, daß hier nur die „Volksführer“ leben.

Plötzlich drangen die metallenen Klänge von Glokken durch das prasselnde Rauschen des Regens. Wir waren am Ziel.

Vor uns stand eine Kirche wie aus einem Märchen; vor ihr drei Priestermönche in Meßgewändern mit dem Evangelium, zwei Mönche mit Kerzenleuchtern und hinter ihnen das Volk. Sie wollten uns einen feierlichen Empfang bereiten. Bald standen wir in der wunderbaren Kirche. Vater Awel zog die feierlichen Gewänder an, und die Liturgie begann. Am Ende begrüßte uns Vater Awel als Abt in seinem Metochion und bedankte sich mit ergreifenden Worten dafür, daß wir den Atem des Heiligen Berges in dieses Haus getragen und es auf diese Weise noch stärker mit ihm verbunden hätten. Er wandte sich auch dem anwesenden Volk in seiner Funktion als Athos-Mönch zu und überbrachte ihm den Segen der Äbtissin des Heiligen Berges – der Allheiligen Gottesmutter, worauf sich das Volk demütig vor ihr verneigte und bekreuzigte.

Als das Antidoron, das gesegnete Brot, verteilt wurde, mischten wir uns unter das Volk und verschenkten kleine Kreuze, Ikonen und Weihrauch. Rundum war reumütiges Verhalten zu sehen. Die Weichheit ihrer Seelen, die Gesichter, die Augen – wer könnte das beschreiben? All dies war aus den Tiefen des Schmerzes hervorgegangen, hatte sich aus dem freudigen Tragen eines schweren Schicksals herauskristallisiert. Die Menschen faßten Vertrauen und fanden aus einem persönlichen Erlebnis, aus eigener Erfahrung zur Kirche. Aus der Leere ihrer leidenden Seele riefen sie nach Hilfe, und Gott gab ihnen eine Antwort. Auf diese Weise waren sie spontan in die Kirchen gekommen. Die Kirche kann sich nicht öffentlich dem Volk zuwenden, denn die Priester sind in ihrer Bewegungsfreiheit stark eingeschränkt. Aber das Volk strebt zu ihr hin – selbst hier, in Peredelkino!

Wir gingen zum Wohnhaus hinüber. Die Bauten waren wunderschön und gut erhalten. Tannen, Birken und andere Bäume ragten hoch empor. Jetzt wurde uns erst klar, wo wir uns befanden: im Kloster des hl. Philip, des Metropoliten von Moskau, aus der Zeit Jwans des Schrecklichen. Sie wollten uns die nähere Umgebung zeigen, die Gärten, den Obstgarten und das Schloß, in dem sich der Patriarch den Sommer über ausruhte, doch ließ das der Regen nicht zu.

Die Bruderschaft bestand aus fünf Priestermönchen. Sie waren alle voller Wärme und dienten dem Herrn mit Begeisterung. Hier brachte das Volk selbst jeden einzelnen von ihnen dazu, in seraphischem Eifer zu glühen. Sie führten uns durch die Räume des Metochion. Wir kamen in einen Raum mit zwei Taufbecken. In der Mitte stand ein großes kupfernes Taufbecken für Kinder, die hier bei der Taufe mit dem Kopf ins Wasser getaucht werden. Für die Orthodoxen existiert keine andere Art der Taufe. Stellt man sich vor, wie manche „moderne" Priester den Täufling nur ein wenig mit Wasser „bespritzen", ergreift einen die Angst angesichts dieser bewußten Fahrlässigkeit derjenigen, die wissen sollten, was die Taufe bedeutet und wie sie nach Vorschrift der Kirche vollzogen wird. Hier handelt es sich nicht um ein Symbol, wo ein Tropfen Wasser genausoviel bedeutet wie ein gefülltes Becken, sondern um das Wesen des Mysteriums, in dessen Verlauf durch das Eintauchen in Wasser der alte (durch die Sünde der Ureltern getötete) Mensch begraben wird und der in Christus erneuerte Mensch aufersteht.

Im selben Raum war eine Zisterne in den Boden eingelassen, etwa zwei Meter tief, mit Stufen zum Hinuntersteigen. Es war das Becken für die Erwachsenen. An den Wänden vor beiden Taufbecken stand in großer, schöner Schrift das Glaubensbekenntnis.

Ich muß an dieser Stelle sagen, daß in der russischen Kirchenordnung alles genau festgelegt und präzisiert ist. Die Gotteshäuser sind sauber, und es gibt nichts, was abgenutzt wäre oder nicht hineingehörte. Während des Gottesdienstes sind alle – der Bischof, der Priester, der Diakon – ihrer Aufgabe hingegeben. Es gibt keine überflüssigen Worte, Blicke oder Bewegungen. Ihre Pontifikalgottesdienste haben heute – das sagen auch einige griechische Theologen – das alte byzantinische Ritual übertroffen.

Dieses Filialkloster trug alle Merkmale solch einer gesunden und umfassenden Ordnung trotz der nur vorübergehend dort lebenden Bewohner. Sowohl hier als auch an allen anderen Orten, die wir bisher besucht hatten, sahen wir, daß gegenseitige christliche Liebe das Motiv ist, das sich durch alles hindurchzieht. Sowohl der höhere als auch der niedere Klerus geben sich bei jeder Begegnung den Bruderkuß. Ihre engen Beziehungen, die durch solche Begegnungen immer aufs neue erwärmt werden, bewahren sie vor kleinen menschlichen Versuchungen, die langsam wie Rost am Menschen nagen. Dieser Bruderkuß, den wir jeden Morgen bei den Treffen mit Vater Awel und Vater Jakow aus Potschaew wechselten, war ein geistiges Labsal und erfüllte uns mit Wärme ihnen gegenüber. Auf dem Heiligen Berg gibt es diese „Zärtlichkeiten“ nicht, sei es aus asketischen und traditionellen Gründen oder sei es, weil sie der „hellenischen“ Mentalität, die auch sonst das Leben auf dem Athos prägt, nicht entsprechen.

Als die Bruderschaft des Filialklosters den Rundgang mit uns beendet hatte, setzten wir uns an einen Tisch mit reichem Imbiß und verbrachten eine Stunde in herzlichem Gespräch, das sich bald dem Heiligen Berg, bald der russischen Kirche zuwandte. Im Verlauf des Gesprächs ging der Vorsteher der Bruderschaft, der Archimandrit Viktor, näher auf eine Frage ein, die wir ihm über die missionarischen Möglichkeiten der russischen Kirche heute gestellt hatten, und sagte: „In der letzten Zeit hindern uns die Machthaber nicht daran, dem Volk in seinem religiösen Leben beizustehen. Das Volk kommt zu uns, und wir dienen ihm. Wenn die Machthaber aber ihre Einstellung uns gegenüber ändern und beginnen, uns Schwierigkeiten zu machen, begreifen wir das als Strafe für unsere Sünden und tun Buße (welch mächtige Waffe gegen den Feind!). Sehen Sie, unser Metochion befindet sich in dem Kloster, das der hl. Philip von Moskau errichtet hat, und er wurde von niemand anderem als dem orthodoxen russischen Zaren umgebracht! Alle unsere Leiden, damals wie heute, entstehen aus unseren Sünden." Er wiederholte seine letzten Worte und richtete dann die inständige Bitte an uns, in unseren Gebeten auf dem Heiligen Berg für das gesamte russische Volk und seine heilige Kirche zu beten.

Diese Antwort Vater Viktors versetzte uns in Erstaunen. Siebzig Jahre nicht müde werden, Buße zu tun und durch diese Buße Kräfte zu sammeln, um noch inständiger Buße tun zu können, das bedeutet: Priester und Gläubige sind sich der großen Mission bewußt, die Gott diesem Volk, das das Kreuz auf sich genommen hat, für eine große Zukunft der slawischen Welt und das Wohl der ganzen Menschheit vorbestimmt hat.

Vater Viktor hatte den Akzent auf das Leiden als Folge von Sünden gelegt. Das ist die entscheidende Erkenntnis sowohl für das Leben des einzelnen als auch für das der Gesellschaft. Die Bibel, die von der Zeit weder überholt noch widerrufen worden ist, spricht von der ersten bis zu letzten Seite darüber. Das Leben von Adam bis heute zeugt davon. Hätte man im Rußland des Jahres 1917 auf diese Weise geglaubt und in Reue gelebt, hätten selbst hundert Lenins nichts erreichen können.

Heute breitet sich der neu erwachte Glaube im russischen Volk schnell aus. Er ist es, der das „Maß der Zeit voll machen“ wird, damit Veränderungen geschehen und alles „neu werde“ ohne Blut und Umsturz, sondern durch eine stille geistliche Revolution unter der Führung des allesverzeihenden Nazareners!

Füreinander beten

Nach einem späten Mittagessen gingen wir wieder auf die Straße hinaus. Diesmal warteten nicht die „Wolgas“, sondern wieder jene Ungeheuer. Sie fuhren uns direkt zur Kirche des hl. Nikolaj. Die Vesper war beendet. Wir verehrten die Ikonen und verteilten unsere bescheidenen Gaben unter den Anwesenden. Wie groß war die gegenseitige Freude!

Im rechten Teil der Kirche war eine Totenbahre aufgestellt. Wir traten näher. Auf ihr lag eine etwa sechzigjährige Frau. Ihr Antlitz war friedlich, klar und einnehmend. Als wir nun, einer nach dem anderen, nähertraten und die Ikone auf ihrer Brust verehrten, blieben unsere Blicke an ihrem verklärten Gesicht haften. Vater Awel legte sich das Epitrachil um, und wir hielten spontan eine kurze Gedenkfeier ab. Als wir an deren Ende nochmals die Verstorbene verehrten, brachten die zahlreichen Frauen, die sich um uns versammelt hatten, mit rührenden Gesten ihre Dankbarkeit zum Ausdruck. Eine von ihnen trat auf uns zu und sagte: „Wenn Sie nur wüßten, wie gut Pelargija gewesen ist, welch eine besondere Seele sie hatte! Und sehen Sie, Gott würdigt sie damit, daß ihr Athos-Mönche eine Gedenkfeier für sie haltet.“ Alle schauten uns mit tränenerfüllten, wie Kerzen brennenden

Augen an und bekräftigten diese Worte, indem sie Gott priesen. Das Aufbahren im Gotteshaus ist eine alltägliche Erscheinung in der russischen Kirche. Das ist eine missionarische Arbeit besonderer Art und eine Schule der Vorbereitung auf das Jenseits. Die Verstorbenen werden tagsüber in die Kirche gebracht, und erst am nächsten Tag wird nach beendeter Liturgie der Trauergottesdienst gehalten.

Als wir in der zweiten Kirche ankamen, wurde gerade der Akathistos (Lobpreisgottesdienst) des hl. Johannes des Täufers gelesen, da es Dienstag war, der ihm gewidmete Wochentag. Wir gingen zu jeder der wunderbaren Ikonen und zu den heiligen Reliquien und verehrten sie, begrüßten dann die Priester und verteilten Ikonen und Kreuze unter das Volk. Wie stark der Wunsch dieser Menschen nach Ikonen, Kreuzen, Weihrauch ist und wie viel diese Gegenstände ihnen bedeuten, läßt sich kaum beschreiben; denn in ihrer Heimat sind sie nicht zu bekommen, da sie als „religiöse Propaganda“ gelten und in der sowjetischen Gesellschaft strengstens verboten sind. Hier, wie auch überall sonst, bat man uns um Gebete und gab uns Namen von Verstorbenen und der Hilfe Bedürftigen, um ihrer zu gedenken.

Endlich kamen wir in die Kathedrale des Patriarchats, die innen außergewöhnlich groß ist. In ihr befindet sich eine Kopie der Ikone der Muttergottes von Kasan, der große Verehrung erwiesen wird. Die Vesper war schon lange beendet und der Altarraum geschlossen, doch waren immer noch Menschen im Gotteshaus. Die Gläubigen näherten sich unseren Händen, um sie zu küssen, schrieben die Namen ihrer Nächsten auf kleine Zettel und steckten sie uns zusammen mit Kopeken und Rubeln zu. Wir wollten das Geld nicht annehmen, doch es half nichts, denn das ist ein Gesetz unter den frommen Russen: sie glauben, daß Gebete für sie nur dann erhört werden, wenn sie dafür ein Opfer gebracht haben. Deshalb hat die russische Kirche riesige Einkünfte. Das wurde uns ganz offen von Kirchenmännern gesagt. Einer der gut Unterrichteten erzählte uns: „Wir wissen nicht, wohin mit dem Geld. Bauen können wir nicht, Altes reparieren dürfen wir nicht. All das liegt ausschließlich in der Zuständigkeit des Staates. Deshalb bringen wir das Innere der Gotteshäuser in Ordnung und bezahlen unsere Priester gut, damit ihre einzige Sorge dem Volk gelten kann. Den Überschuß aber verlangt der Staat für den ‚Friedensfonds'! Deshalb würden wir uns wünschen, daß jedes Jahr Athos-Mönche auf unsere Kosten hierher kommen, damit das Volk sie sehen kann und Ermutigung und Freude erfährt."

Während wir noch bei den Gläubigen standen und sie uns die Namen ihrer Nächsten gaben, kam der Vorsteher dieser Kirche, ein älterer, sehr imposanter Erzpriester, der eine starke geistliche Ausstrahlung hatte, auf uns zu. Im Verlauf des Gesprächs mit ihm bemerkte einer von uns, daß wir in allen Kirchen, in denen wir gewesen waren, unabhängig von der Tageszeit viele Menschen angetroffen hätten. Ob er uns das erklären könne. Der Erzpriester lächelte und sagte: „Diese Frage habe ich auch schon einmal einer kleinen Gruppe gestellt, und sie haben mir ohne Zögern geantwortet: ‚Wissen Sie, hier ist es schöner als bei uns zu Hause.'"

Leningrad

Wir verließen Moskau um Mitternacht. Bis zum Bahnhof wurden wir von Regen begleitet. Auf den Straßen waren nur wenige Menschen. Die Hauptstadt war müde, sie schlief.

Wir bezogen je zu viert drei Liegewagenabteile und wollten gleich versuchen, zu schlafen, da uns ein neuer anstrengender Tag bevorstand.

Ein Mönch unter uns, der aus einem kinowitischen Kloster kam, d. h. einem Kloster mit gemeinsamer Lebensweise, ohne Privatbesitz, schlug vor, das Akathistos zur Muttergottes gemeinsam zu lesen, um wenigstens fragmentarisch die geistliche Regel des Heiligen Berges aufrechtzuerhalten. Ein anderer, ein Kelliot (mit monastischer Lebensweise – drei bis fünf Mönche leben am Athos in zerstreut liegenden Häusern in administrativer Abhängigkeit von einem Kloster), meinte darauf, daß jeder von uns seine Gebetsschnur bei sich habe, mit der sich durch das Jesusgebet alle Teile der Regeln des Heiligen Berges ersetzen ließen, und jeder solle für sich unter diesen Umständen seine eigene Regel halten. Darauf meldete sich ein dritter, Angehöriger eines idiorhythmischen Klosters (individuelle Lebensweise mit Recht auf Privatbesitz), und sagte mit erhobener Stimme, daß auch der Schlaf auf einer solchen Pilgerreise ein Gebet sei. Er ersuchte uns, die Fenstervorhänge zuzuziehen, da wir ein wenig später in die Polarnacht – die „weißen Nächte" – kämen. „Im gleichen – Einheit; im verschiedenen – Freiheit; in allem aber – die Liebe", zitierte ich den heiligen Augustinus und schloß die Augen.

Es war nach acht Uhr, als wir in Leningrad ankamen. Der Metropolit ging vor uns her. Sein Gang und seine Haltung offenbarten einen Menschen, der in dieser Stadt wirklich heimisch war.

Auf dem Bahnsteig und in der Bahnhofshalle folgten uns viele verwunderte Augen. Vielleicht hielt man uns alle für Bischöfe, da nur sie in der Sowjetunion das Berufsgewand des Priesters öffentlich tragen dürfen.

Auf dem Bürgersteig vor dem Bahnhof blieb der Metropolit stehen, drehte sich zu uns um und begrüßte uns auf griechisch mit den Worten: „Willkommen", und fuhr dann fort: „Als ich gestern abend in Moskau einen von Ihnen gefragt hatte, wie er sich in unserem Land fühle, sagte er mir – wie zu Hause. Wenn Rußland für Sie zu Hause bedeutet, dann möge diese Stadt für Sie Ihre Zelle sein." Wir nahmen diese Worte zustimmend auf. Dann vertraute er uns seinem jungen Priestermönch Mark an, der uns hier erwartet hatte. Nachdem wir untergebracht worden waren und uns erfrischt hatten, sollten wir um zehn Uhr vom Metropoliten empfangen werden.

Der kurze Weg zum Hotel führte an der Newa entlang. Hier spürte man deutlich die Nähe zu Westeuropa. Nicht nur die barocken und klassizistischen Bauten aus dem 18. und 19. Jahrhundert und vereinzelte gotisch anmutende Kirchen, sondern auch das Straßenleben und etwas in der Luft atmeten eine verborgene, aber wahrnehmbare Freiheit. Und genau hier hatte es auch im Jahr 1917 begonnen. Gerade vor unserem Hotel, dem „Europa“, am gegenüberliegenden Ufer der Newa, liegt bis zum heutigen Tag, als Trophäe, jenes berühmte Schiff vor Anker, von dem aus die Revolutionäre das Zarenschloß beschossen haben.

Lenin und Breschnjew in der Geistlichen Akademie

Zur anberaumten Zeit fanden wir uns am Sitz des Metropoliten ein. Unter seinem Dach befindet sich auch die Geistliche Akademie. Sowohl der Hof als auch das Gebäude waren in sehr schlechtem Zustand und hinterließen einen traurigen Eindruck. Wir waren sichtlich erstaunt, aber nicht so sehr durch das, was wir sahen, als vielmehr dadurch, daß es im Widerspruch zu dem stand, was wir früher gehört oder gelesen und schließlich auch geglaubt hatten: daß unser Gastgeber – als Leiter des Außenamtes des Moskauer Patriarchats, ein treuer Mitarbeiter des Regimes sei, das dieses Land regiert. Die lebhaften Kommentare, die dadurch provoziert worden waren, verstummten, als wir das Gebäude betraten.

Als wir im ersten Stockwerk angekommen waren, grüßte uns von der Wand – Lenin! Ob das denn auch hier sein müsse, meinte einer nervös. Jedes Wort hallte in dem leeren Gebäude wider. Die Studenten waren in den Ferien. Wir gingen weiter den Flur entlang. Die Türen zu einigen Lehrsälen standen offen; drinnen nur – Breschnjew! – Wie groß muß das Herz eines Menschen sein, um das alles in Verbindung bringen und verstehen zu können!

Irgendwo in der Tiefe hörte man etwas wie Kirchengesang. Bald hatten wir diesen Teil des Gebäudes erreicht. Vater Mark blieb stehen, damit wir uns sammeln könnten. In der Nähe wurde die Liturgie gefeiert. Wir bogen um eine Ecke und sahen, daß dieser Flur in einer improvisierten, doch sehr geschmackvoll eingerichteten Kapelle endete. Vor uns, zu beiden Seiten des Ganges, waren alle Petersburger Kirchenoberhäupter bis zum gegenwärtigen Tag abgebildet. Als wir leise in die Kapelle traten, sahen wir einen jungen Priestermönch, der zelebrierte, und den Metropoliten, der hinter dem Pult auf die Fürbitten antwortete; sie waren allein. Unsere Gruppe übernahm das Mitsingen hinter dem Pult. Wie wir sehen konnten, beherrschte der Metropolit Kirchengriechisch und sang mit uns weiter. Dies war eine sehr spontane Begegnung während des Gottesdienstes: Zwei orthodoxe Sprachen wechselten miteinander ab, und doch war es wie eine einzige Sprache. Die meisterhaft ausgeführten Fresken in der Kapelle gaben diesem Gebetserlebnis besondere Fülle.

Der Metropolit trat während der Eucharistie in den Altarraum, legte das Omophorion (Zeichen der bischöflichen Würde, dem Pallium der katholischen Bischöfe entsprechend: breites, mit Kreuzen verziertes Schulterband) an und nahm die Kommunion. Später hörten wir, daß er jeden Tag kommuniziere und an allen Sonn- und Feiertagen zelebriere.

Aus der „Arbeitskapelle" gingen wir in einen schlicht eingerichteten Salon hinüber. Das Gesicht unseres Gastgebers strahlte Gutherzigkeit aus. Sein natürliches und angenehmes Lächeln während des Gesprächs, seine Themen und Standpunkte – all das ließ ihn in unseren Augen immer würdevoller erscheinen. Im Gespräch bediente er sich oft griechischer Wörter und Ausdrücke. Er begann seine Gedanken auf griechisch und setzte dann in russischer Sprache fort. Übersetzt wurde er vom Dolmetscher Grigorij, der ein Meister seines Faches war. Wenn einer von uns sprach, konnte man am Augenausdruck des

Metropoliten sehen, daß er uns gut verstehen konnte. Oft antwortete er unmittelbar mit ja oder nein.

Nun kam auch Vater Gawriil, der Sekretär der Metropolie, der die Liturgie zelebriert hatte, und lud uns in den angrenzenden Raum ein, wo man einen Imbiß für uns vorbereitet hatte. Er las das Gebet, und der Metropolit gab den Segen. Das Gespräch wurde fortgesetzt. Der Metropolit flocht Geschichten und Fragen ein. Was von Anfang an in die Augen fiel, war der außergewöhnliche Scharfsinn dieses Mannes. In wenigen Worten konnte er viel sagen und andeuten. Er war ein Künstler im kurzen, bildhaften Skizzieren von Problemen und Ereignissen. Er erzählte uns von der Situation des kirchlichen Lebens in dieser Stadt. Bis jetzt ständen den Gläubigen 17 Gotteshäuser zur Verfügung. In jedem von ihnen zelebrierten drei bis sieben Priester und wenigstens ein Diakon. Gottesdienste seien jeden Tag: eine Liturgie oder zwei, an Sonn- und Feiertagen drei und in der St.-Nikolaus-Kathedrale vier.

Am späten Vormittag kehrten wir in unser Hotel zurück. Bis 16 Uhr hatten wir frei, und dann kam das Erhabenste – die Begegnung mit dem gläubigen Volk.

„Ich bin gläubig“

Seit der Ankunft in diesem Land hatte ich Schwierigkeiten, mich bei Freunden in der „freien Welt“ und bei den Meinigen in Chilandar zu melden. Nirgends konnte man geeignete Postkarten finden. Überall waren die Protagonisten der Revolution, die Nationalhelden und Stoßarbeiter bei Arbeitsaktionen abgebildet. Erst hier fand ich unter den Postkarten verschiedene Kulturdenkmäler, darunter auch einige schöne Kirchen.

Ich nahm einige Postkarten und ging zur Beamtin, um zu zahlen. Hinter dem Tresen stand eine Frau in den Vierzigern; ihr Blick war wie der einer Verwandten. Als ich mich in ihrer Sprache nach dem Preis erkundigte, wurde sie neugierig und fragte, woher ich käme. Wie sie dann hörte, ich sei vom Heiligen Berg, seufzte sie bewundernd auf. Während ich zwischen den Rubeln und Kopeken suchte, um die Summe zu begleichen, schrieb sie gebeugt etwas auf einen Zettel. Kein Mensch war außer uns da. Sie schaute nach rechts und links, nahm einen Stadtplan, gab ihn mir zusammen mit jenem Zettel und sagte halblaut: „Ich bin gläubig."

Auf dem Weg zum Zimmer schaute ich mir den Zettel an. Darauf standen einige Namen für die Fürbitte. Sogleich entnahm ich aus meiner Reisetasche ein Medaillon der „Dreihändigen" Muttergottes von Chilandar, ein aus Holz geschnitztes Kreuz vom Heiligen Berg, eine kleine Schachtel mit Weihrauch, einige Ikonen von Heiligen, deren Namen sich mit denen auf dem Zettel deckten, und begab mich dann hinunter in die Halle. Wieder war niemand vor dem Stand. Ich gab dieser typischen Russin meine Gegengeschenke, und sie legte sie mit einer knappen Bewegung der Hand unter den Tresen, während in dem leise gesprochenen „Spasij Bog vam" (russische Dankesformel: „Möge Gott Sie retten") ihre ganze bebende Seele lag. An diesem und dem folgenden Tag suchte ihr leuchtender Blick, wann immer ich dort vorbeikam, nach einer Gelegenheit mir aufs neue ihre Dankbarkeit auszudrücken.

Wie die Priester, so das Volk

Die Dreifaltigkeitskathedrale hatte riesige Ausmaße. Nur der Durchgang zum Altar war frei; der ganze übrige Raum war voll von Gläubigen. Metropolit Nikodim zelebrierte die Vigil. Ein großer Chor sang von der Galerie und wechselte sich mit dem unteren Chor der Priester und Diakone dieser Kirche ab. Die letzteren erinnerten, aufgrund der Harmonie ihres Gesanges und der Macht ihrer Stimmen, an den einmal im Westen berühmten Emigrantenchor der Donkosaken. Doch wurde diese wunderbare Chormusik durch die Lobpreisungen der Muttergottes in der 9. Ode, die wie Eruptionen aus dem Volk hervorbrachen, in den Schatten gestellt: „. . . die ehrwürdiger ist als die Cherubim und unvergleichlich herrlicher als die Seraphim, die du, unversehrt, Gott, das Wort geboren hast, du wahrhafte Gottesgebärerin: dich lobpreisen wir . . ."

Wer könnte bei diesen fast greifbaren Begegnungen zwischen Himmel und Erde unberührt bleiben, wenn die Seele dieses Volkes spürt, daß sie erfüllt, erwärmt, gereinigt und vorbereitet ist, alle Schwierigkeiten des Lebens zu ertragen und zu erleiden, nur um ihres Anteils an der Ewigkeit nicht verlustig zu gehen.

Nach der 9. Ode folgte die Doxologie, das Gloria. Die ganze Kirche sang mit einem Herzen und aus einem Mund die herrlichen Verse des 148. Psalms, während Bischof Kyrill, der Rektor der Geistlichen Akademie und mehrere Priester das Volk mit Öl salbten. Welche Demut, Ehrfurcht und Innigkeit lag in der Haltung der Gläubigen, wenn sie herantraten, um diese Gabe der Kirche zu empfangen.

Man betrachtet all dies verwundert und fragt sich: Gibt es überhaupt eine echte Philosophie des Lebens ohne das Mysterium des Kreuzes und ein erhabenes

Leben auf der Erde ohne den Kreuzweg? Und wie süß muß das Leiden dieser Menschen sein, wenn sie so selig aussehen; sie, die in ihrer Gesellschaftsordnung alles entbehren müssen, außer Gott, der ihnen durch seine treuen Altardiener das himmlische Manna des Trostes spendet.

Und dann diese Priester! Man sieht sie nirgends außerhalb der Kirche, da sie keine äußeren Merkmale ihres Amtes an sich tragen. Ihnen bleibt auch keine Zeit, sich außerhalb der Kirche zu zeigen, da sie den größten Teil des Tages im Gotteshaus verbringen und sich dort die Augen und Herzen des Volkes auf sie richten. Sie sind die wahren Väter, die helfen möchten und zu helfen verstehen, mit deren Hilfe die Seele von Sünden gereinigt wird, die den Segen geben und dem Volk durch die Hoffnung Kraft zusprechen können.

Die Menschen warteten an diesem Abend mit unendlicher Geduld. Das Öl, das in den Öllämpchen vor Gott brennt, ist das Symbol unserer Versöhnung mit Ihm. Die Symbole haben im geistlichen Leben eine große Bedeutung. Die Ölsalbung steht in Verbindung mit dem Ölzweig, den eine Taube nach der Sintflut zu Noah brachte, um den Erretteten das neue Leben zu verkünden. Die Kirche *ist* im Neuen Testament diese Arche der Rettung. In ihr lebt man dieses neue Leben, das fortwährend gegen Versuchungen und Schwächen ankämpfen muß. Hilfe tut not. Im antiken Griechenland hat man die Athleten mit Öl eingerieben, damit sie Kraft bekommen und siegen. Auch die Christen stärken sich durch die Ölsalbung gegen ihren geistigen Feind. All das wissen diese gläubigen Menschen, man hat es sie gelehrt. Sie nehmen jede Hilfe der Kirche wahr, um sich immer mehr zu stärken, um noch ausdauernder zu sein und sich nicht vor dem Tod zu fürchten. Indem sie die Sünde bezwingen, sind sie stärker als er. Aber sie brauchen auch das Leben nicht

Verlag Styria Graz Wien Köln

Name/Vorname

Beruf

Straße

Postleitzahl und Wohnort

Nichtzutreffenden Ort bitte streichen

Geschäftsantwort-
postkarte

An den
Verlag Styria

Postfach 511029
D-5000 Köln 51

Postfach 831
A-8011 Graz

zu fürchten. Weil sie das Kreuz Christi tragen, sind sie nicht Sklaven des Kreuzes, sondern herrschen mit ihm.

Die Ölsalbung war eine außergewöhnliche Gelegenheit, die Gesichter dieser Menschen zu betrachten. Sie sind der schönste Schmuck der Kirchen. Sie sind die lebendigen Ikonen in ihnen.

Ich stand in der Nähe von Bischof Kyrill. Dieser aufrechte Mann mittleren Alters stand mit dem Ausdruck von Demut in den Augen unbeweglich da und salbte die an ihm vorbeiziehenden Gläubigen. In diesem Augenblick wird jeder einzelne, wenn er vor dem Bischof steht, von einem Teilchen der Masse und einer unbedeutenden Nummer in der Gesellschaft zu einer Persönlichkeit. Die Kirche wendet sich ihm jetzt persönlich zu, dient ihm und gibt ihm aus der Schatzkammer der Gnade das, was Gott ihr gegeben hat. Der demütige russische Gläubige, von dem außerhalb der Kirche immer nur etwas gefordert wird, empfindet Rührung ob dieser Gabe und Ehre. Während der Bischof ihm das Zeichen des Kreuzes auf die Stirn malt, schmilzt seine Seele vor Dankbarkeit, weitet sich seine Brust und fließen Tränen der Rührung.

Die Tränen des russischen Volkes sind geistliche Nahrung für den russischen Priester. Vor ihnen empfindet er Demut, ist er von Geduld erfüllt, findet er Stärke zum Dienen und brennt er im Opfer.

Wie steht doch alles in der Kirche, diesem geistlichen Organismus, dessen Haupt Christus ist, in einem ursächlichen Zusammenhang! Man könnte auch einfach sagen: Wie das Volk ist, so sind die Priester; oder: wie die Priester – so das Volk. Es bleibt die Frage, wo der Anfang war. Diese Frage, die sich im Falle Rußlands leicht beantworten läßt, führte mich an diesem Abend in den gesamten Raum der leidenden Ostkirche.

Ich betrachtete den Bischof Kyrill, der bei der Salbung jedes Gläubigen mit Innigkeit die Worte sprach: „Allerheiligste Muttergottes, errette uns.“ Ich betrachtete auch das Volk, wie es an ihm vorbeizog. Ja, ein wahrer Hirte ist derjenige, der die Herde sammelt, behütet, ernährt und beschützt. In dieser Sorge um ihre Herde haben die Hirten der russischen Kirche ihr Leben eingesetzt! Sie sind 1917 nicht „mit dem Volk“ in die Revolution gezogen; sie haben danach keine eigenen Vereine außerhalb der Kirche gegründet, um sich beim „Cäsar“ einzuschmeicheln, noch haben sie sich von ihm bezahlen lassen und sind dadurch Kompromisse mit der staatlichen Behörde für Glaubensangelegenheiten eingegangen, die durch ihre „guten Beziehungen‘“ zur Kirche die Gläubigen von ihr fernhalten oder sie in ihrem Glauben verunsichern will. Nein, ihre Treue brannte vor den Augen des Volkes wie eine Fackel, sie litten als erste für Christus und leuchteten so dem Volk auf seinem weiteren Leidensweg, der noch nicht ausgelitten war. Deshalb geht das Volk, in dessen Seele nun die Saat jener Leiden ausgereift ist, heute unerschrocken in die Gotteshäuser, sucht und findet dort seine Hirten und gibt ihnen neuen Mut und neue Kraft, damit sie ihre hohe Berufung, Würde und Mission bestehen können.

Pontifikalamt

Das Pontifikalamt begann um zehn Uhr. Es war immer das gleiche Bild: demütig stand das Volk im Gebet; die Augen der Gläubigen schauten konzentriert auf den Altar, erhoben sich entlang der Gewölbe zum Himmel oder waren geschlossen und den Tiefen des eigenen Wesens zugewandt.

Mit dem Metropoliten zelebrierten die Erzbischöfe

Platon und Kyrill. Neben ihnen standen die Athos-Mönche und die heimischen Priester um die heilige Tafel. Zwei Diakone feuerten mit ihrem kräftigen Bariton den großen gemischten Chor auf der hohen Galerie zu höchster Intensität an. Die erhabene Musik, die feierlichen Gesichter und Gewänder, das leise Klirren der Rauchfäßchen und das innige Gebet der Gläubigen schufen, zusammen mit den Ikonen und Fresken, eine Atmosphäre, die jedes Nachdenken über das Diesseits verdrängte. Sie senkte sich wie eine himmlische Wirklichkeit, die jenseits von Zeit und Raum existiert, in die andächtigen Herzen dieser Gläubigen, wo sie Platz und Dauer fand, um sich in geistige Kraft und feurige Freude zu verwandeln.

Im russischen Gotteshaus wird spontan und unmittelbar Jenem gedient, der Grund und Zweck allen Strebens ist – dem lebendigen und gegenwärtigen Gott. Der Chor singt betend. Der Klerus zelebriert betend. Das Volk wohnt dem Gottesdienst betend bei. Alle beten, beten ausschließlich. In allen lebt das Bedürfnis zum Beten, und alle ergänzen sich darin gegenseitig. In der Ostkirche wird dem Harmonisieren von innen und außen größter Wert beigemessen. Denn im Gebet, das von Begeisterung getragen ist – nicht von Halluzinationen, sondern durch die Vereinigung von Herz, Verstand und Wille, durch die Dreiheit unseres Wesens also –, erleben wir die Dreiheit Gottes. Die Worte Christi, das Reich Gottes sei in uns, werden hier zur vollen Wirklichkeit. Wem der Wille Gottes durch die Worte Christi zum Führer durch das Leben geworden ist, der erlebt in der Kirche das Reich Gottes in der Gemeinschaft des Heiligen Geistes mit allen Anwesenden. Und diese tragen dann den Geist Gottes aus der Kirche in ihr tägliches Leben.

Da ich nicht mitzelebrierte, wechselte ich leise zwischen Altar und Solea. Die Liturgen und die betenden Gläubigen standen vor meinen Augen. Von diesem unwiderstehlichen Gefühl einer geistlichen Gemeinschaft ergriffen, betrachtete ich dieses „göttliche Kollektiv". Sie alle waren *meine* Mütter, Väter, Schwestern und Brüder. Nie habe ich die Realität einer Gemeinschaft stärker empfunden als diesmal.

Den großen Ereignissen wird in der orthodoxen Liturgie viel Zeit gegeben. Der heutige Gottesdienst mit dem Akathistos zur Muttergottesikone von Kasan, mit Predigt und Kommunion dauerte vier Stunden. Hätten nicht mehrere Priester gleichzeitig die Kommunion ausgeteilt, hätte es bedeutend länger gedauert. Doch merkte man die Länge des Gottesdienstes nicht; weder zeigten die Anwesenden Anzeichen von Müdigkeit noch verringerte sich ihre Zahl, noch wurden die Liturgen ungeduldig. Im Gegenteil! Der Heilige Geist ist wahrlich derjenige, der belebt. Wenn er in einer Gemeinschaft lebendig ist, dann macht er alles neu, schafft neue Menschen, mit denen das Zusammensein gut ist.

Der Metropolit predigte wie einer, der „Macht" hat. Er sprach über die Freiheit; über die geistige Freiheit, über das evangelische Leben, aus dem sie hervorgeht, und über die Tatsache, daß sie niemand weder einzuschränken noch zu nehmen vermag. Er sprach über die Freiheit sich selbst gegenüber, seinem fleischlichen Ich, seinen Schwächen, seinem Egoismus und seinen Leidenschaften und über die Freiheit, Gottes Liebe und Kraft in Anspruch zu nehmen. Hier wurde mit keinem Wort über Freiheit im politischen Sinn gesprochen, doch war in Wirklichkeit alles, was er sagte, gegen das gerichtet, was die Machthaber wollten und bestrebt waren, zu verwirklichen.

Seine Priester hörten ihm mit derselben Aufmerksamkeit zu wie die anwesenden Gläubigen. Sie alle verstanden ihn und akzeptierten, was er sagte, da er wie ein Vater zu ihnen sprach und sich ihnen gegenüber wie ein Vater verhielt.

Die ganze Zeit über hatten wir den Metropoliten unmittelbar vor uns, konnten sein Verhalten und seine Bewegungen beobachten. Hier in der Kirche hinterließ er einen besonders starken Eindruck, und ohne daß er es ahnte, schwand das Bild, das wir uns vom Hörensagen von ihm gemacht und mit uns hierhergebracht hatten, immer mehr dahin.

Während der gesamten, langen Liturgie stand er aufrecht, auch wenn sich die anderen zeitweise hinsetzten, und weder er noch einer der anderen redete. Doch konnte er durch eine Bewegung der Hand, der Augen, des Kopfes jedem verständlich machen, was er wollte. Ein mildes Lächeln oder ein strenger Zug in seinem Gesicht offenbarte, ob er mit jemandem zufrieden war oder nicht.

Und erst seine Art zu zelebrieren! Sie war uns ein besonderes Erlebnis: Wie mühelos beherrschte und bewältigte er sein Amt, wie spontan und harmonisch waren seine Bewegungen und wie konnte er einerseits führen und sich dann zurücknehmen, um einem anderen Freiheit im Tun zu geben. Idealer läßt sich die Rolle eines Erzbischofs in der Liturgie nicht vorstellen. Seine Ausrufe während der Eucharistie, sein verklärtes Gesicht und seine Augen, die meistens geschlossen waren, um die Himmel noch besser schauen zu können, seine Stimme und Betonung – all das zusammen ließ das Bild eines Menschen entstehen, der *wahrhaft* vor Gott steht. Während dieser Liturgie wurde ein Anwärter zum Diakon geweiht. Für uns war es ein unvergeßlicher Augenblick, als der Metropolit, mit der Hand auf dem Kopf des Diakons und mit geschlossenen Augen, das ganze Weihegebet sprach und den Diakon voll Demut dem wahrhaftig hier anwesenden Christus übergab.

Ein genußreiches Gespräch mit dem Metropoliten

Wir waren von einer Art reumütiger Befriedigung diesem einzigartigen Bischof gegenüber erfüllt, als wir nach beendetem Gottesdienst die überfüllte Kirche mit ihm verließen.

In der Metropolie nahmen wir ein reiches Mittagessen zu uns. Der Gastgeber saß mit uns am Tisch, als sei er einer von uns. Er hatte eine angenehme Art zu erzählen. Wir stellten ihm, ohne zu zögern, viele Fragen zu verschiedenen Themen, und hätte er nicht geschickt und knapp geantwortet und Grigorij nicht gewandt und schnell übersetzt, wäre es für beide Seiten eine Last gewesen. So aber war es ein richtiger Genuß, ein so lebendiges und inhaltsreiches Gespräch zu führen.

Auf eine meiner Fragen, warum überwiegend Frauen die Kirche besuchen, antwortete der Gastgeber mit einem wehmütigen Lächeln, daß die Balsamträgerinnen Christus treuer waren als die Apostel. Auf die Frage eines anderen, ob die jüngere Generation innerhalb der russischen Kirche noch für die langen Gottesdienste sei, sagte der Metropolit, daß sich diese Frage bei ihnen nicht stelle. Die langen Gottesdienste seien aus zwei Gründen gut: diejenigen, die regelmäßig in die Kirche kommen, empfänden die Gottesdienste nicht als lang, sondern als Erfüllung des notwendigen Maßes, da sie mit ihrem ganzen Wesen daran teilnähmen, und die anderen, die nur kurz vorbeikommen wollen, sind nicht auf einen fixen Zeitpunkt festgelegt. Auf die Frage, was die Gläubigen in der Kirche tun, wenn der Gottesdienst beendet sei und sie trotzdem dablieben, erklärte der Metropolit, daß das Volk, das so stark dem Beten ergeben sei, während des Gottesdienstes vom allgemeinen Gebet getragen werde, während danach einzelne Gläubige bei den Ikonen bleiben und allein mit den Heiligen sprechen wollen. Die Frage, die der Abt des Klosters Simonos Petras stellte, erschien dem Ton und der Formulierung nach taktlos. „Euer Exzellenz," sagte er, „Sie vertreten die russische Kirche bei allen Treffen innerhalb der Orthodoxie. Bei den Fragen, die für das bevorstehende 8. Panorthodoxe Konzil anstehen, wie Gottesdienstreform, Fastenregel, zweite Priesterehe und andere, betonen Sie den streng konservativen Standpunkt Ihrer Kirche. Ist dieser Standpunkt nun ehrlich oder nur ein Akt der Propaganda?" Wir warfen uns untereinander Blicke zu. Ich dachte mir, der Metropolit wird an seiner bisherigen Einstellung festhalten. Mit Spannung schaute ich zu ihm hinüber, um seine Reaktion zu sehen. Wohlbeleibt, wie er war, schüttelte er sich vor Lachen über eine solch drastische Bemerkung und erwiderte darauf: „Wenn es nach uns jüngeren Bischöfen und der Priesterschaft ginge, gäbe es sicherlich Veränderungen, und es müßten etliche Dinge verändert werden. Allein unser Volk, das in einer so engen Bindung mit der Kirche lebt, will von den Veränderungen nichts wissen. Wie oft kommt es vor, daß ein junger Priester einen Fehler im Typikon (Rituale, Vorschriften über den Vollzug des Gottesdienstes) macht, ein Wort im Text verwechselt, einen Ausruf ausläßt oder in der Predigt etwas Unpassendes sagt; im selben Augenblick stürzen einige Babuschkas zur nördlichen oder südlichen Altartür, um ihn zu berichtigen, oder sie verlangen von ihm, er solle bis zu der Stelle zurückgehen, wo er etwas ausgelassen hat. Unsere Kirche kann nicht ohne das Volk existieren – das Volk erhält sie. Deshalb glaube ich, man wird bei uns sicher noch fünfzig Jahre nichts verändern können." Nach dieser Antwort betrachtete der Metropolit den Abt und lächelte zufrieden.

Jetzt nutzte einer der „härteren" unter uns die Gelegenheit, noch eine schwierige Frage im Zusammenhang mit der russischen Kirche zu stellen, nämlich zum „Interkommunio"-Abkommen mit den Katholiken. Der Metropolit wußte, wie der Heilige Berg diese Frage beurteilt. Aus diesem Grund ist unsere Gruppe auch nicht als Delegation der Athos-Gemeinde, sondern als Gast des russischen Athos-Klosters Panteleimon hierher gekommen. Deshalb wollte er kurz die Vorgeschichte darlegen, die zu diesem Vorgehen der russischen Kirche im Jahr 1969 geführt hatte. Er begann mit dem Präzedenzfall, den das Ökumenische Patriarchat in Istanbul in der gleichen Frage in bezug auf die Armenier geschaffen hatte. Dann erinnerte er an die Synode der russischen Kirche aus dem Jahr 1830. Damals wurde entschieden, daß russisch-orthodoxe Priester an Katholiken die Kommunion spenden dürfen. Vorausgesetzt wurde, daß diese Katholiken in der Diaspora auf russischem Boden leben und aufgrund von Krankheit, Alter oder eines Unglücksfalles, d. h. wenn Lebensgefahr besteht, einen orthodoxen Priester um die Kommunion bitten. Diese Entscheidung wäre im 19. Jahrhundert und bis in die Gegenwart wenig genutzt worden. Seit aber die Religiosität in Rußland in den letzten Jahren eine Wiederbelebung erfahren habe, geschah es oft, daß Katholiken, die in der Diaspora lebten und keinen Priester hatten, in Notfällen von den Orthodoxen die Kommunion erbaten. Da aber die alte Entscheidung in Vergessenheit geraten war und die russischen Priester und Bischöfe diese Verantwortung nicht auf sich nehmen wollten, hatte das Russische Patriarchat jene Entscheidung aus dem Jahr 1830 offiziell erneuert, um sie „im Notfall" anzuwenden. Die ruhige und überzeugende Erklärung des Metropoliten rief keine weiteren Fragen dieser Art mehr hervor.

Da ich aufgrund des Ranges, den mein Kloster einnahm, in unmittelbarer Nähe unseres Gastgebers saß, stellte er mehrmals Fragen über das Kloster Chilandar und einige seiner Bewohner. Ich staunte über sein Gedächtnis. Er war in der Vergangenheit zweimal kurz bei uns gewesen und hatte eine Reihe von älteren Vätern in wacher Erinnerung behalten. Er erwähnte ihre Namen und charakterisierte sie kurz. Als ich ihm sagte, daß die meisten von ihnen in die ewige Heimat eingegangen seien, war er tief berührt.

Das Volk liebt seine Kirche

Um 18 Uhr besuchten wir den Abendgottesdienst in der St.-Nikolaus-Kathedrale. Nach dem Gottesdienst wurde der Akathistos zu Ehren des hl. Nikolaus gesungen, was jeden Mittwoch geschieht. Es waren viele Menschen da. Dieses wunderschöne Gotteshaus besaß zwei Stockwerke bzw. zwei übereinanderliegende Kirchen mit je drei Altären. Jede faßte sechstausend Menschen. Diese prächtige Kirche wurde von der Zarin Elisabeth, der Tochter Peters des Großen, erbaut. Beide Kirchen, vor allem die obere, waren herrlich ausgeschmückt. Die obere Kirche hatte an ihrer westlichen Fassade einen großen Balkon. Während der Osterliturgie trat der Metropolit mit den heiligen Gaben hinaus und segnete das Volk, das keinen Platz in der Kirche gefunden hatte und die große dazugehörende Parkanlage ausfüllte.

Die riesigen Flächen dieser Doppelkirche und der parkähnliche Kirchenhof blitzten vor Sauberkeit – eine Arbeit, die von den Gläubigen aus der Umgebung freiwillig verrichtet wurde.

Eine Frau in den Vierzigern trat auf das jüngste Mitglied unserer Gruppe, Vater Athanasios, zu und übergab ihm, nachdem sie seine Hand geküßt und einige Worte gesprochen hatte, diskret ein Kuvert. Sie bat ihn, für sie und die Ihren zu beten. Er wollte ihr das Geld zurückgeben und nur den Zettel mit den Namen behalten, aber sie drängte ihn, es anzunehmen, verneigte sich und ging. Im Kuvert waren 400 Rubel (das entspricht vier Monatslöhnen eines Arbeiters) aber keine Namen. Sie hatte offenbar einen Grund, die Namen nicht zu nennen, doch wußte sie aufgrund ihrer religiösen Überzeugung, daß der Herr die Namen derer weiß, denen die Gebete gewidmet werden sollten.

Als der Akathistos zu Ehren des hl. Nikolaus gesungen wurde (eine liturgische Dichtung über das Leben und die Wunder des Heiligen), konnte man nur staunend zuhören, wie das Volk den ganzen Text auswendig wußte und aus vollem Hals mitsang. Wie die Gläubigen sich bekreuzigten, verneigten und knieten, wirkte ergreifend. Das erste Mal hatten wir Gelegenheit, das Verhalten des Volkes in einer Kirche zu beobachten, in der mehr Platz war.

Das Abendessen nahmen wir in unserem Hotel in einem separaten Raum ein. Der Gastgeber wurde hier vom jungen Priestermönch Mark vertreten. Wir unterhielten uns mit ihm ohne den Dolmetscher Grigorij. Ich mußte diese Rolle jetzt übernehmen, doch zeigte sich bald, daß unser Gesprächspartner keinen Dialog mit uns beabsichtigte. Wiewohl sein Benehmen angenehm war, übte er in dem, was er sagte, äußerste Zurückhaltung. Er bot uns immer wieder Speisen und Getränke an und machte uns auf Spezialitäten aufmerksam. Aus dem ganzen Gespräch mit ihm konnten wir doch eines erfahren: Auf die Frage, ob der russische Priester den Dienst am Volk auch in Häusern oder nur in der Kirche ausüben könne, erklärte uns Vater Mark, daß laut Gesetz alles in der Kirche verrichtet werden müsse, während in einem schweren Krankheitsfall das Abendmahl zum Kranken ins Haus gebracht werden könne. Ob es dabei Behinderungen gebe, hänge vom Ort und den dortigen Behörden ab. Als Beispiel führte er seine Stadt an, in der die Behörden einfach wegschauen würden, wenn das Volk an Allerseelen die Friedhöfe besucht, während die Behörden das in anderen Orten nicht erlauben. Ich sagte zu Vater Mark, daß wir, bedenkt man den herrschenden Atheismus, davon im Volk bislang nichts bemerkt hätten, niemand habe z. B. Anstoß an unserer Kleidung genommen.

„Wissen Sie“, antwortete er, „das ist der offizielle Standpunkt, der den Ausländern gegenüber vertreten wird. Der größte Teil des Volkes aber liebt die Kirche. Sie ist seine einzige Zufluchtsstätte, denn in ihr können die Menschen, die mit persönlichen und anderen Problemen beladen sind, Entlastung und Erholung für ihre Seele finden und Rat, Anleitung, Trost und Ermutigung bekommen. Sogar Ungläubige kommen während oder außerhalb des Gottesdienstes in die Kirche und werden durch den Chor, die Ikonen und Fresken in heilsamer Weise zu edleren Gefühlen und dem Streben nach Höherem angeregt.“

Besuch im Schloß Peters des Großen

Heute ist der 22. Juli. Auf unserem Programm steht für den Vormittag ein Besuch im Schloß Peters des Großen. „Was ist denn das?“ fragten die Reisegefährten vom Athos. Heute seien wir also Touristen, bemerkte einer von uns.

Um 9 Uhr standen wir schon vor dem Hotel. Die „Tschaikas“ waren noch nicht da. Bisher waren sie immer pünktlich gewesen. Das ließ uns Zeit, von der hohen Freitreppe das Bild zu betrachten, das sich uns bot. Auf der breiten Straße vor uns fuhren nur wenige Wagen vorbei, aber jenseits der Straße und einer niedrigen Mauer wurde die Oberfläche der Newa von Schleppkähnen, Motorbooten und kleineren und größeren Schiffen durchfurcht, die den Fluß in beiden Richtungen befuhren und sich mit Hornsignalen begrüßten.

Doch plötzlich bot sich uns ein überraschender Anblick! Einige sowjetische Offiziere in Sommeruniform gingen paarweise, Schulter an Schulter, mit ernsten Gesichtern und geradem Blick auf der anderen Straßenseite entlang. Richtige Soldaten, wie wir sie vom Krieg her kannten! Wir schauten sie unverwandt an. Sicher erblickten sie uns mit noch größerem Erstaunen. Wir waren Repräsentanten zweier Welten mit ganz entgegengesetzten Zielen.

Der Fehler in der Planung unserer Abfahrt an diesem Morgen kam uns gelegen. Wir machten uns zu Fuß auf den Weg zum Anlegeplatz, um auf den Wassern der Newa weiterzufahren.

Beim Einsteigen in das Luftkissenboot, das ruhig dalag, küßten wir die Hand unseres Gastgebers, der uns hier erwartete. Motorengeräusche, die Vibration unter unseren Füßen und die jähe Bewegung des Bootes begleiteten uns, als es zur Mitte des Flußbettes abstieß und wir die Fensterplätze in der geräumigen hellen Kabine einnahmen. Kaum hatten wir etwas auf dem Wasser erblickt, hatten wir es auch schon hinter uns gelassen. Auch die Gebäude an den Ufern des breiten Flusses verschwanden rasch. Unser Boot, die „Komet 3", flog förmlich übers Wasser. Die Ufer der Newa waren bald nicht mehr zu sehen. Der Übergang vom Fluß in die offene See hatte etwas Geheimnisvolles.

Der Metropolit saß allein in der Mitte der Kabine.

Etwas bewegte mich dazu, über ihn nachzudenken: Was für eine Leistung, in diesem kämpferischen Atheismus ein verantwortlicher Führer für die Gläubigen zu sein! Mir fiel ein Gespräch ein, das ich vor einiger Zeit mit jemandem geführt hatte, dessen geistlicher Vater eine Zeitlang Sekretär bei ihm gewesen war. Der Metropolit hatte einmal zu ihm gesagt: „Vater Alexander, wenn auch nur einer deiner Tage so wäre wie meine, dein Haar würde weiß werden . . .“ Es ist unvermeidlich, daß bei einem Mann, der in Zeiten großer Umwandlungen und äußerst widersprüchlicher Situationen, wie es die „Koexistenz“ der Kirche mit einem gottlosen Staat ist, und der einen solch verantwortlichen Platz innehat, die Meinungen in seiner näheren und ferneren Umgebung geteilt sind. Nur eine historische Perspektive und das objektive Erlebnis, das man im Volk machen kann, können zu einem richtigen Urteil über solche Menschen führen.

Ich beobachtete den Metropoliten von meinem Platz aus. Er schaute vor sich hin. Sein Gesicht war heiter und gelassen. Er vermittelte immer den Eindruck, als stünde er über der Wirklichkeit, die ihn umgab. Menschen und Verhältnisse waren ihm Anlaß, in Ruhe und Dankbarkeit zu lenken und zu leiten, seine Pflicht zu erfüllen, indem er seinem Gewissen und seiner Eingebung folgte. Weder äußerliche Ehrenbezeigungen noch versteckte aufrührerische Bösartigkeiten und Neid in seiner Umgebung fanden Widerhall in seiner Seele. – Doch war das alles wirklich so? Im Evangelium steht: Den Menschen kennt keiner, außer der Geist, der in ihm ist.

Die „Komet 3“ brachte uns zu der kleinen Insel, die dreißig Kilometer von der alten russischen Hauptstadt entfernt liegt. Hier hatte Peter der Große einst Ruhe gesucht. Die Zerstörungswut des letzten Krieges hatte Spuren hinterlassen, doch führte der starke Tourismus zu einer regen Restaurationstätigkeit, so daß von diesen Schäden kaum noch etwas zu sehen ist.

Vom großen Kai aus konnte man die breite Allee hinuntersehen, die zum Schloß führt; buntes Treiben, wohin man blickte. Viele Luftkissenboote warteten darauf, Gruppen wieder zurückzubringen, während von der offenen See neue ankamen. Unsere Blicke wurden von Springbrunnen angezogen und wanderten von ihnen über eine Vielzahl von Statuen zu den mächtigen Stämmen und riesigen Kronen alter Bäume. Es erschien wie ein Wunder, daß sich auf diesem handtellergroßen Stück Land im Meer eine so starke Wasserquelle befindet und mittels technischer Vorrichtungen auf verschwenderische Weise die Springbrunnen versorgt, die nach allen Seiten hin das Wasser versprühen.

Vor dem Schloß erwartete uns eine lebhafte, etwa dreißigjährige Russin. Sie hatte Routine darin, Gäste zu empfangen und herumzuführen, und trotzdem war sie uns gegenüber – solch seltenen, vielleicht einzigartigen Gästen – von besonderer Freundlichkeit.

Wir betraten das Schloß und durchquerten einen Raum nach dem anderen. Hier hatte einst die russische Dynastie seit Generationen den Sommer verbracht und wichtige Persönlichkeiten aus benachbarten Ländern empfangen. Hier war auch etwas von der russischen Fähigkeit spürbar, die Entwicklung der europäischen Kultur zu verfolgen und auf die eigene zu übertragen.

Unsere Führerin hatte die besten Absichten, uns alles zu erklären. Sie konnte aber ohne Schwierigkeiten bemerken, wie die Betonung des weltlichen Elements in den verschiedenen geschichtlichen Epochen unserer Mentalität zuwider war; wie wenig uns die Gemälde der italienischen Renaissance, im Gegensatz zu unserer byzantinischen Ikone, zu sagen hatten. Die

Ikone bleibt von der Vergänglichkeit unberührt und ist in allen Epochen wie neu, da Geist und unvergängliche Schönheit in ihr leben. Wie wenig entsprachen dieses barocke Mobiliar mit seinen krummen Linien und das französische Rokoko den Augen des Mönches, der an Schlichtheit und Einfachheit gewöhnt ist. Aber unsere Haltung stellte keine Beleidigung für die junge Russin dar. Sie konnte auf unseren Gesichtern keine Verachtung für die großen Geistesfrüchte vergangener Epochen, die ihren spezifischen Wert haben, bemerken. Doch verstand sie, daß wir ihr die Anstrengung ersparen wollten, uns Dinge zu erklären, die in unserem Inneren keinen Platz hatten. Die dadurch gewonnene Zeit konnte sie dann mit uns verbringen.

Wir begaben uns in den Park, der die kleine Insel bedeckte. Langsam schritten wir im Schatten dahin. In der strömenden Luft war die Feuchtigkeit der überschäumenden Wasserfälle zu fühlen. Die Stille des ruhigen Meeres übte eine wohltuende Wirkung aus. Die Zelle Peters des Großen, ein einfaches, kleines Haus direkt am Strand, war den Behausungen der Hesychasten (Mönche, die ein ausschließlich betrachtendes Leben führen und durch das Jesusgebet zu einer mystischen Gottesschau kommen wollen) auf dem Heiligen Berg verwandt.

Unsere Führerin ging neben dem Metropoliten. Wenn er verlangte, sie solle uns etwas erklären, so tat sie das gerne. Auch sonst konnte man beobachten, daß sie ihrem Gesprächspartner in tiefem Ernst Fragen stellte und aufmerksam seinen Erklärungen lauschte.

Wir blieben bei einem verschwenderisch schäumenden Wasserfall stehen. Sonnenstrahlen flochten sich um die feinen Tropfen des fallenden Wassers, und hinter diesem Vorhang aus lichtem Violett stand ein Mann voller Lebenskraft in Nachdenken versunken. Unsere Führerin erklärte: „Das ist Adam. Er, der erste Mensch, steht hier als Personifizierung Peters des Großen, der der erste Zar Rußlands und der Gründer Petersburgs war."

Wieder blieben wir stehen. Uns war klar, daß die Statue, die wir jetzt vor uns hatten – Eva – das Pendant zur vorhergehenden darstellt, doch erklärte uns die Führerin, daß diese erst später aufgestellt worden sei. Peters Frau, Katharina I., ließ die Eva als eigene Personifizierung aufstellen, denn sie war die erste Frau auf dem russischen Thron.

Wir gingen zum Schloß zurück. Vor uns war der größte und beeindruckendste Wasserfall: Aus einem Löwenrachen, der von den starken Armen eines Hünen aufgerissen wurde, strömte ein mächtiger Wasserstrahl hervor und verwandelte sich unten, wo er auf die Erde traf, in einen üppigen Bach, der dem Meer zueilte. Die Führerin erklärte uns: „Nach dem Sieg über die Schweden, die den Löwen als nationales Wahrzeichen haben, und weil die Schlacht am Tag des hl. Samson stattfand, machte Peter den Entwurf für dieses Denkmal."

Da die Uhr die Mittagsstunde anzeigte, lud uns der Metropolit in ein Restaurant ein, das dazu geeignet war, das ausländische Publikum zu begeistern. Hier waren wir nicht, wie im Hotel, an ein festes Menü gebunden, sondern bestellten kleine bescheidene Gerichte, um mit dem Essen nicht viel Zeit zu verlieren. Bald begaben wir uns wieder auf unsere „Komet 3" und flogen über das Wasser wie auf Windes Flügeln. Einer aus unserer Gruppe erinnerte uns an die Boote, die zum Heiligen Berg fahren, und schlug vor, wir sollten den Metropoliten bitten, von den Behörden – wenn er denn wirklich so gut mit ihnen stünde – ein solches Boot als Geschenk für uns zu erwirken. Der Metropolit hätte beinahe diesen kleinen Spaß gehört, da er zu uns gekommen war, um uns auf die Konturen Kronstadts hinzuweisen, die links von uns im Meer sichtbar waren. Spontan stellte ich die Frage, warum das Moskauer Patriarchat Johannes von Kronstadt noch nicht kanonisiert hätte. Er erklärte uns, daß das Volk Johannes von Kronstadt von jeher als Heiligen verehrt, die Kirche aber offiziell noch nichts unternommen habe. Er meinte, die Schwierigkeiten kämen daher, daß ihn die russische Auslandskirche kanonisiert und einige Dinge in die Begründung aufgenommen hätte, die in Verbindung mit der Revolution stünden. Ich fragte nicht weiter. Es gab auch nichts mehr zu fragen. Da der neutestamentliche Satz, daß jede Macht von Gott komme, oft falsch verstanden wird, verfällt man in der Kirche leicht der Feigheit und dem Opportunismus. Aber uns, die wir in der Freiheit leben, fällt es leicht, andere zu verurteilen und ihnen Lektionen zu erteilen.

Die Schönheit der Kirchen und die Häßlichkeit der Dialektik

Wir kamen in die schöne, große Kirche der heiligen Apostel Peter und Paul. In ihr befinden sich die Gräber der russischen Zaren und Großfürsten seit Peter dem Großen. Als wir an das Grab Peters traten, sahen wir frische Blumen darauf. Wahrscheinlich wiederholte sich dies jeden Tag. Was für ein Gedächtnis hat das Volk, und wie findet es trotz allem in seiner Seele die Kraft, die Treue zur Geschichte und ihren Gestalten immer wieder zu erneuern!

Im zweiten Gotteshaus, der Kirche des hl. Isakij Dalmatskoj, verloren wir uns förmlich in der Weite des Raumes. Der Größe nach steht sie weltweit an vierter Stelle und könnte zwölftausend Gläubige aufnehmen, wäre sie nicht in ein Museum umgewandelt worden. Alles war aus bestem Material erbaut und verschwenderisch und mit großem Kunstsinn verarbeitet worden. Unsere Führerin, wieder eine junge Frau, erfüllte nicht nur ihren Dienst, sondern war darüber hinaus von ausgesprochener Herzlichkeit. Das Verhalten aller unserer bisherigen Führer gab Anlaß zum Nachdenken. Was lag hier vor? War es echtes christliches Mitgefühl, das wir in ihnen ansprachen, oder legten sie sich den Mantel christlicher Innigkeit um, weil sie damit unsere Sympathie für die hier herrschende Ideologie gewinnen konnten? Auch bei unseren Begleitern Grigorij und Vater Mark konnte man bei zwei Gelegenheiten Unmut bemerken, als etwas gesagt wurde, das zu Lasten des Staates ging. Vielleicht war es ihr Nationalstolz, der an der falschen Stelle saß. Als ich Vater Mark gegenüber einmal den Isakij-Dom erwähnte und sagte, daß es besser sei, wenn nicht der Staat, sondern die Kirche ihn nützen würde, führte er gleich das Beispiel der Hagia Sophia in Istanbul an. Hier ist etwas nicht in Ordnung, dachte ich, und fügte hinzu, daß sich ihre Kirchen nicht in der Türkei, sondern in Rußland befänden. Wie gewöhnlich überging er die Antwort. Bei einer anderen Gelegenheit, als von unserer Seite etwas Negatives über den Kommunismus geäußert wurde, beeilte sich Vater Mark zu sagen, daß man die russischen Bürger in Gläubige und Ungläubige einteilen müsse und nicht in Kommunisten (im Sinne von Ungläubigen) und Nichtkommunisten (im Sinne von Gläubigen). Grigorij pflichtete dem bei: „Das System ist eine Sache, die Ideologie aber ist etwas anderes." Er wollte uns dann mit einer verworrenen Erklärung verständlich machen, wie jemand kein Kommunist zu sein brauche und trotzdem das System akzeptiere, ein anderer hingegen das System nicht akzeptiere, seiner Lebensführung nach jedoch

Atheist sei. Da sie dialektischen Verbalismus nicht gewohnt waren, schauten sich meine Athos-Brüder untereinander an und ließen Grigorij im selbstzufriedenen Glauben, er habe uns durch diese scheinbar logische Erklärung „aufgeklärt“.

Der Tag ging seinem Ende zu. Wir mußten zum Hotel zurück, uns frisch machen und uns für das abendliche Abschiedsessen mit dem Metropoliten Nikodim vorbereiten.

Es dämmerte, als wir in dem uns schon bekannten alten Gebäude ankamen. Das herzliche Lächeln unseres Gastgebers bei der Begrüßung und seine Fragen und Kommentare zum gemeinsam verbrachten Tag dominierten die Stimmung beim Essen, welches auch dieses Mal das, was auf dem Athos als Festmahl galt, übertraf. Der Metropolit saß zwischen uns, als sei er einer von uns. Niemand glaubte mehr, ihm „provokative“ Fragen stellen zu müssen. Wir hatten ihn in diesen Tagen in verschiedenen Haltungen der Kirche, den Gläubigen und der Geistlichkeit gegenüber erlebt. Wie sein Verhältnis zum „Cäsar“, und umgekehrt, war – das wußte nur er. Für uns sagte dieses mehr als baufällige Gebäude, in dem er schon viele Jahre verbracht hatte, genug.

Während des Abendessens erzählte uns der Metropolit von verschiedenen Ereignissen in der Geschichte der russischen Kirche. Er sprach unter anderem über interorthodoxe und interkonfessionelle Begegnungen und über die Orthodoxie, die nicht sich selbst zum Ziel habe, sondern die Pflicht hätte, vor der Welt von Gottes Ehre zu künden, und damit ihrem Haupt – Christus – zu folgen, der von seinem Vater gekündet und ihn verherrlicht habe. Er sprach allgemein von der Rolle des Heiligen Berges und seiner heutigen Bedeutung für das russische Volk. Es sei ihm ein Trost: „Solange der Heilige Berg besteht – gibt es Rettung!“ Er sagte uns, daß auch wir die Aufgabe hätten, ihn zu beschützen und zu bewahren. Er erwähnte den bekannten Fall aus dem Jahr 1968, als die griechischen Obristen den Heiligen Berg „enthaupten“ und ihm seine führenden Köpfe nehmen wollten. Sechs angesehene Athos-Mönche wurden vertrieben, und eine Liste von zweiundvierzig weiteren war angefertigt worden. Darauf leitete das Russische Patriarchat dem Präsidenten Papadopoulos ein vierseitiges, ultimatives Telegramm zu, das auch allen Klöstern auf telegraphischem Weg übermittelt wurde. Seit dieser Zeit konnte der Heilige Berg in Ruhe leben. Der Metropolit gestand uns mit einem Lächeln, daß er das Telegramm verfaßt habe.

Da es in der Durchführung des Programms zu unvorhergesehenen Schwierigkeiten kam, konnten wir nicht aus Leningrad weiter nach Odessa fliegen, sondern mußten gegen Mitternacht zurück nach Moskau. Deshalb verabschiedeten wir uns vom Metropoliten mit wärmster Dankbarkeit, luden ihn auf den Athos zu einem längeren Aufenthalt ein, ließen uns seinen Segen geben und fuhren zurück, um kurz Atem zu holen.

Das Aufstehen fiel uns leicht, denn zu dieser Zeit pflegte in den Klöstern des Heiligen Berges das Semantron, ein langes, schmales Brett, das im Kloster zum Signalisieren der Gottesdienste verwendet wird, geschlagen zu werden, und wir eilten dann in die Kirche zum Mitternachtsamt. Hier aber erledigten wir das im Hotel übliche Ritual und schritten mit einem Kopfnicken zum diensthabenden Rezeptionisten hin dem Ausgang zu.

Sowohl im Bahnhof als auch auf dem Weg dorthin war kaum Betrieb. Auf dem Bahnsteig zeigte uns der Schaffner unseren Schlafwagen. Die Vierergruppe, zu der ich gehörte, belegte ihr Coupé.

Der Zug machte sein rhythmisches Fahrgeräusch und begrüßte mit periodischem Pfeifen die unübersehbaren Wälder und Felder des russischen Nordens. Vor mir rollten die Bilder des vergangenen Tages wie ein Film ab und fügten sich nach und nach zum Gesamteindruck dessen, was das Erlebnis in dieser Stadt gewesen war. Im Zentrum dieser Überlegungen standen wiederum das gläubige Volk und seine Kirche.

Wer hat das wahre Gesicht Rußlands erkannt?

Dieses Volk trägt die lebendige russische Geschichte in sich. Es hat die aufklärerischen Ideen Peters des Großen über sich ergehen lassen müssen – und doch seine russische Seele bewahrt. Es hat die Revolution 1917 gewähren lassen, ohne sich ihr zu ergeben. Es hat im letzten Krieg mit der urwüchsigen Kraft seines Glaubens an die Unbesiegbarkeit seines Vaterlandes der teutonischen Raserei Einhalt geboten. Heute läßt es sein orthodoxes Bewußtsein in allen Bereichen des gesellschaftlichen Lebens wiederauferstehen, wider den bestehenden kämpferischen Atheismus, der in der erhobenen Faust von Judas, dem Verräter, verkörpert ist.

Nur ein Volk, das durch all diese Erfahrungen gegangen ist und dessen von Leiden und Gottessehnsucht ausgeweinte Augen zu Leuchtfeuern in der Finsternis des sowjetischen Lebens geworden sind, konnte so auffallende Gestalten wie den Metropoliten, Bischof Kyrill und viele andere Gottesmänner hervorbringen.

Hier entrang sich mir ein tiefer Seufzer. Mein Nachbar sprach mich leise an, und wir begannen ein Gespräch. Auch ihn quälten viele Gedanken. Sie warfen viele Fragen auf, und er strengte sich an, Antworten zu finden. Zum ersten Mal begegnete er dieser Wirklichkeit, dem russischen Volk, einem solchen politischen System, einer Kirche, die geknechtet und frei zugleich war. Alles war neu für ihn, und nichts hatte Ähnlichkeit mit dem Leben und der Verwaltungsordnung in seinem Land und dem Wirken der Kirche in seinem Volk. Nun wollte er meine Meinung über all das hören.

Ich wußte nicht, wo ich beginnen und was ich ihm sagen sollte. Das, wonach er mich jetzt fragte, hätte ihm schon lange bekannt und klar sein müssen. Er war akademisch gebildet, bekleidete ein höheres Amt in der Kirche und lebte auf dem Heiligen Berg, dessen Charakteristik gerade die Panorthodoxie sein sollte, denn dort war sie eine tausendjährige historische Realität, wenn sie auch heute der Seele und des Lebens entbehrt. Hier lag auch die Antwort auf die Frage, warum er diese Dinge nicht wußte, und das betraf nicht nur ihn, sondern den größten Teil seines Volkes. Denn für die Mutter unserer slawischen Orthodoxie – für Hellas, das bis heute in der Seele der slawischen Völker einen besonderen Platz in der Sphäre des kirchlichen, kulturellen und auch politischen Bewußtseins einnimmt, ist die slawische Welt bedauerlicherweise zu einem „unbekannten" Land geworden, das nur Ängste und Furcht auslöst. Schaut man in einen griechischen Kirchenkalender, wird man keine slawischen Heiligen finden; will man in Athen eine theologische Doktorarbeit mit slawischer Bibliographie verteidigen, wird man nicht durchkommen, sucht man die slawischen Klassiker in griechischer Übersetzung, wird man kaum einen finden. Und in der Politik? Es genügt zu sagen, daß sie einen tragischen Fehler gemacht hat (ähnlich dem Westen), indem sie Rußland mit der Sowjetunion identifizierte und den sowjetischen Imperialismus (dessen erstes Opfer das russische Volk selbst war) mit dem Panslawismus gleichsetzte! Deshalb scheut heute die griechische „Rechte“ vor dem russischen Volk zurück, während die „Linke“ wider dieses Volk mit den Sowjets sympathisiert. (Die griechischen Buchläden sind heute voller Übersetzungen sowjetischer Literatur.) Daher auch der falsche Zugang zum Wesen des Heiligen Berges, denn beide Flügel der griechischen Politik ignorieren seinen panorthodoxen Charakter und setzen alles daran, durch das Vorgehen der Administration sein panorthodoxes Antlitz zu vernichten.

Meinem Gesprächspartner kam mein Schweigen zu lang vor. Um es leichter für mich zu machen, stellte er mir eine direkte Frage: „Ich möchte mir nur über eines Klarheit verschaffen! Dient die russische Kirche den sowjetischen Machthabern oder nicht? Das interessiert mich als Theologen und Kleriker am meisten.“

Indem ich einer direkten Antwort auswich, deren ich mir selbst auch nicht endgültig sicher sein konnte, erwiderte ich ihm: „Vater, ich glaube, daß es gut wäre, alles, was wir jetzt erleben und erkennen, der Zeit zu überlassen, auf daß es in uns reifen möge. So wird eines Tages die richtige Antwort von selbst kommen.“

Er aber wollte nicht auf ein anderes Thema übergehen. So entstand eine Diskussion. Ich sagte ihm, daß bei unserem Besuch niemand von uns hätte erwarten können, sowohl im Volk als auch in der Priesterschaft, die ihm geistige Nahrung gibt, einen so massiven und intimen Ausdruck des Glaubens zu finden. Unser Bewußtsein müßte sich fragen, wie es möglich sei, daß der Glaube hier außerhalb des Gesetzes steht und die Gläubigen mit ihren Bischöfen und Priestern Gott in der Öffentlichkeit preisen können; wie es möglich sei, daß sie mit einer für unsere Tage einzigartigen religiösen Begeisterung Zeugnis dafür ablegen, daß die Freiheit und das Glück des Menschen in eben diesem „Opium fürs Volk“, im Glauben, liegt und nicht im dialektischen Materialismus.

„Ja“, erwiderte mein Gesprächspartner, „wenn das alles aber nur Schein und organisierte Frömmigkeit im Dienste der Politik ist, die ausschließlich an jene Gebiete gebunden ist, wo sich ausländische Touristen bewegen?“

„Freilich gibt es in der Praxis totalitärer Systeme Szenarien dieser Art. Aber auch die gelungenste Schauspielkunst bleibt nur Schauspielkunst und wird als Kunst gewürdigt und nicht als Wirklichkeit genommen. Hier geht es um etwas ganz anderes. Die russische Kirche und das russische Volk, die Kirche als Ganzes also, hat zuviel gelitten, als daß sie bewußt und willentlich ihren Peinigern dienen könnte. Sie hat – das ist mein Gefühl – durch ihre Erfahrung und ihren Glauben einen Modus und die Kraft gefunden, sich ihrer eigenen Politik zu bedienen und dadurch in gewisser Weise ein politischer Faktor und ein Partner im Rahmen der staatlichen Politik ihres Landes zu werden. Mir hatte dieser Besuch entscheidend geholfen, mich von den Stolpersteinen zu befreien, die für mich in den Äußerungen lagen, die Vertreter dieser Kirche bei uns im Westen bisweilen gemacht haben. Vor einigen Jahren las ich die Rede des Patriarchen Pimen, die er anläßlich einer ökumenischen Versammlung im Orthodoxen Zentrum Chambecy bei Genf gehalten hat. Diese Rede hätte Breschnjew unterschreiben können, ohne ein Komma zu verändern! Erst hier und jetzt habe ich diese Rede verstanden. Nicht ihren Inhalt, sondern ihren Zweck. Wie du weißt, kennt die orthodoxe Kirche neben dem Martyrium des Blutes auch das Martyrium des Gewissens als eine Dimension innerhalb der ‚Ikonomia'. Für eine solche Auslegung der Kirchenvorschriften besitzt die russische Kirche heute außergewöhnliche Voraussetzungen. Ein Grundstein, auf dem diese Haltung und ‚Taktik' basiert und aufgebaut ist, ist der Glaube, die Ergebenheit und die selbstlose, demutsvolle Opferbereitschaft ihres Volkes. Wäre dieses Volk nicht so, wie es ist, wären die russischen Bischöfe mit einer solchen Haltung wahrlich nur traurige Ausrufer der sowjetischen Propaganda, wenn sie den Westen besuchen. Im übrigen, urteile selbst: Weiß denn der Westen nicht, daß die Kirche in der Sowjetunion, der Natur und Konsequenz der marxistischen Ideologie nach, nicht frei sein kann? Wenn also der Patriarch Pimen oder der Metropolit Nikodim in Europa oder Amerika sagen, daß die Kirche in der Sowjetunion frei sei, zeigen sie schon allein damit, daß sie so sprechen *müssen*, also nicht frei sind. Und ich glaube, daß sie dem Westen diese ‚Freiheit' mit berechtigtem Zynismus ins Gesicht schleudern, indem sie vermutlich folgendermaßen denken: ‚Sieh her, verfaulter Westen, wir täuschen dich bewußt, denn du willst es so; du lebst im Selbstbetrug. Wir aber bekommen für diese unwirkliche Währung, die wir dir bieten und die du so schätzt, für unser gläubiges russisches Volk vom Regime mehr Freiheit als es sie bei uns sonst gäbe. Täten wir das Gegenteil, würden wir mutig Zeugnis ablegen und dir, wenn auch umsonst, die volle Wahrheit sagen – daß es die Freiheit, die du hast, bei uns nicht gibt und daß wir als Volk seit 1917 bis heute am Kreuz hängen –, würden wir auf jeden Fall neue Verfolgungen erleben. Wo wärest du dann? Würdest du uns zu Hilfe eilen? Sicher nicht, wie du es bis heute nicht getan hast. Doch unser gläubiges Volk läßt sich durch derartige Äußerungen, die wir bei dir machen, nicht verwirren. Es weiß und versteht alles. Das Leiden hat es weise gemacht. Es weiß diesen Teil einer bedingten Freiheit, den es über dich erreicht, zu nutzen, wenigstens in den Gebieten, in denen sich deine Touristen bewegen und sehen, daß wir dir die ganze Wahrheit gesagt haben, und unsere Machthaber können sich nach Bedarf darauf berufen, wenn sie mit dir konferieren und dir auf diese Weise noch eine Schlaftablette eingeben!'"

„Es wäre schlimm", fuhr ich fort, „wenn die Kirchenleute hier in Rußland dem Volk erzählen würden, daß es in religiöser Hinsicht frei ist, die Behörden ihm wohlwollend gegenüberstehen und die Beziehungen zwischen Kirche und Staat gut sind, denn das würde das Volk, das um die Wahrheit weiß, sicherlich enttäuschen, und die Kirche würde damit ihre Autorität verlieren. Wir haben in diesen Tagen aber nichts Derartiges gehört, noch haben wir Grund, etwas Ähnliches zu vermuten. Soviel wir in den Kirchen bei den Predigten vernommen haben, spricht man hier zum Volk von der Reue, vom Kreuz Christi, das es zu tragen hat, von der Unentbehrlichkeit der Taufe, dem Festhalten an alten Traditionen und vom tugendhaften Leben – also von Dingen, die die offiziellen Machthaber weder anerkennen noch akzeptieren."

Hier hielt ich inne, um zu hören, was Vater H. zu all dem zu sagen habe. Er schwieg eine Weile und bemerkte nur müde: „Was soll man tun, wenn das so ist . . .?"

Wenn auch betroffen durch seine Gleichgültigkeit, fuhr ich noch weiter fort: „Schau her, nimm die russische Auslandskirche des Metropoliten Philaret. Sie ist extrem antikommunistisch und höchst autonom ihrer Heimatkirche gegenüber. Ich glaube, daß der Kreml in den letzten 70 Jahren mindestens hundertmal vom Moskauer Patriarchat verlangt hat, alle Bischöfe dieser Auslandskirche ihrer Würden zu entkleiden. Bis heute hat es das in keinem Fall getan. Was meinst du dazu?“

Vater H. kämpfte offensichtlich mit dem Schlaf und fügte nur noch einige unzusammenhängende Eindrücke vom Metropoliten Nikodim hinzu, den er für einen äußerst geschickten Mann hielt. Dem Volk sprach er rückhaltlos seine Anerkennung für alle Äußerungen seines Glaubens und seiner Ergebenheit der Kirche gegenüber aus. So wurde der Faden unseres Gespräches immer dünner, bis er sich endlich im „lauten“ Schlaf meines Gesprächspartners verlor.

Orthodoxe Ökumene

Die Uhr zeigte halb neun, als wir vom Zug in die Taxis stiegen. Der Archimandrit Wladimir aus dem Außenamt des Moskauer Patriarchats nahm uns in Empfang. Hatte er bei unserem ersten Treffen vor einigen Tagen einen besonderen Eindruck auf uns gemacht, so wirkte er jetzt in Zivil hilflos und schwerfällig. Er entschuldigte sich dafür, daß es so sein mußte.

Heute stand nichts auf dem Programm. Wir warteten darauf, daß uns Grigorij mitteilte, was geschehen würde. Und wirklich: Sicherlich war es jemand aus der staatlichen Behörde für Glaubensangelegenheiten gewesen, der verlangt hatte, daß man uns in die große Ausstellung sowjetischer technischer Kultur führe. Wir schauten uns fragend an und machten uns auf den Weg. Irgendwo in dieser riesigen Stadt Moskau tauchte das Messegelände auf, eine ungewöhnliche, technisierte Landschaft mit ihren Zugängen, Eingängen, breiten Fahrbahnen, ausgedehnten Gehsteigen und Pavillons rechts und links. Überall sah man fünfzackige Sterne riesigen Ausmaßes. Lenin war in allen

Posen zu sehen; dann Symbole der Arbeit und ein Relief, das die Massen darstellte, wie sie Lenin zujubelten. Auch die Seligkeit der arbeitenden Bevölkerung war abgebildet, wie sie das Paradies auf Erden erwartete, welches mit der Fülle materieller Güter im Kommen sei ... Gibt es heute noch Sowjetbürger, denen das den verordneten Eindruck macht?!

Wir gaben uns mit dem Besuch zweier Pavillons und einem Rundgang von einigen hundert Metern zufrieden. Hier konnte man organisierte Gruppen von Besuchern aus dem Inneren des Landes, darunter einige in Volkstrachten, sehen. Da wir uns hier überflüssig vorkamen, begaben wir uns zurück ins Hotel.

Die Zeit nach dem Mittagessen war frei, so daß jeder sie verbringen konnte, wie er wollte. Einer schlug vor, das Kloster Donskoj zu besuchen, das im 15. Jahrhundert gegründet worden war und in dem der erste russische Patriarch nach der Revolution, Tichon, sein Märtyrerleben beendet hatte. Die Architektur des Klosters war bewunderungswürdig, doch wirkte deshalb sein Verfall um so betrüblicher. An einer Stelle konnte man Versuche ahnen, es zu restaurieren. Eine kleine Kirche, in der sich das Grab des Patriarchen befand, durfte nur an großen Feiertagen zur Feier des Ritus benutzt werden. Das Kloster war 1930 geschlossen und die Mönche in Kolchosen verschleppt worden. Im Inneren seiner hohen, festungsartigen Mauern befand sich einmal ein Friedhof für die angesehenen Bürger der Moskauer Gesellschaft, wovon noch die Inschriften auf den Grabplatten zeugen.

Den Rest des Nachmittags verbrachte ich im Park vor dem Hotel im Gespräch mit Vater Athanasios. Seine reine, Gott ergebene Seele war von Dankbarkeit für das bisher Erlebte erfüllt. Er sagte, daß es gut wäre, nach unserer Rückkehr auf den Heiligen Berg ein Referat über unsere Eindrücke, mit entsprechenden Kommentaren, zu verfassen und unserer Athos-Gemeinde vorzuschlagen, daß sie in Zukunft die Einladung des Russischen Patriarchats für weitere Besuche von Athos-Mönchen annehmen möge. Er meinte, daß der Heilige Berg die innigsten geistigen Verbindungen mit allen orthodoxen Kirchen habe und er deshalb eine warme, evangelische und panorthodoxe Atmosphäre schaffen sollte. Nur auf diese Weise könnten wir Athos-Mönche uns selbst und dem Glaubensbekenntnis treu bleiben, für das wir leben. Die zahlreichen „Zeloten" auf dem Heiligen Berg, fügte er hinzu, befänden sich förmlich im Krieg mit dem Ökumenischen Patriarchat wegen seiner ökumenischen Einstellung den westlichen Kirchen gegenüber. Warum sollten wir daher nicht innerhalb der Orthodoxie ganz besonders den „Ökumenismus" pflegen?! Die griechische Kirche sei die einzig freie und sie würde eine schwere Verantwortung vor Gott und der Geschichte tragen müssen, wenn sie heute nicht den anderen orthodoxen Kirchen, die jahrzehntelang für den gleichen Glauben Leiden erduldeten, die Hand moralischer Hilfe reichen würde.

Ich hörte ihm mit Rührung zu und dachte, wie wenige es gäbe, die so denken, fühlen und dazu stehen wie er. Am nächsten Morgen um halb acht fuhren wir zum Flughafen und trafen nach einem kurzen Flug in Lwow (Lemberg) ein.

Die Lawra von Potschaew

Wir landeten auf einem kleinen Flughafen. Im vorderen Teil der Maschine, in der 1. Klasse, saßen wir und im rückwärtigen Abteil die übrigen Reisenden dieser „klassenlosen Gesellschaft". Wir stiegen aus. Drei Personen in Zivil, mit kurzärmeligen Hemden bekleidet, brachten uns zu einem nahegelegenen Gebäude. Hinter uns verließ niemand das Flugzeug. Das hieß also normalerweise, daß die Mitreisenden ihren Flug fortsetzten. Erst als wir das Gebäude betreten hatten und durch die Fenster schauten, konnten wir sehen, wie unsere Mitreisenden dem Rumpf des Flugzeuges entstiegen und schnellen Schrittes in einem anderen Flügel des Gebäudes verschwanden. Der Vorgang war also derselbe wie bei unserem Abflug aus Moskau hierher, nur in umgekehrter Reihenfolge. Das habe etwas zu bedeuten, rief Vater Kalinik aus und kam zu der bekannten Schlußfolgerung: „Zwei Fliegen auf einen Schlag ..." So konnte man uns besondere Aufmerksamkeit und außerordentliche Ehre erweisen, und gleichzeitig waren wir fürs Volk unsichtbar!

Der „Wartesaal", in den wir geführt wurden, hatte ein ganz besonderes Aussehen: in ihm waren Sessel, Bilder Trophäen und ein Fernseher. Das Fußballspiel UdSSR – Korea wurde von den olympischen

Wettkämpfen in Kanada übertragen. Einer von uns ging zum Fernseher, drückte aufs Geratewohl auf einen Knopf, und das Spiel war aus.

Jene drei Zivilpersonen mit den kurzen Ärmeln, die wir, während sie sich auf der Piste mit Grigorij unterhielten, für technisches Personal der „Aeroflot" gehalten hatten, wurden uns nun als hiesige Priester vorgestellt. Jedoch trugen sie weder Bärte noch ließ ihre Haltung darauf schließen. Wir schwiegen und rührten uns nicht von der Stelle, aber auch die Kurzärmeligen machten keine entgegenkommende Geste. Grigorij erzählte ihnen etwas mit gesenkter Stimme. Schüchtern setzten wir uns in die Sessel und warteten. Nach einiger Zeit kam ein Minibus, um uns in das für Ausländer bestimmte Hotel zu bringen.

Bald wurden wir zum Mittagessen gerufen. Am Tisch saß einer von den dreien mit den kurzen Ärmeln und hieß uns in seiner Eigenschaft als Stellvertreter des Bischofs willkommen. Seine Worte hielten sich streng an die Regeln der Höflichkeit, wurden mit Routine vorgebracht und streiften zuletzt unser weiteres Programm, das, nach einer Ruhepause, Kirchenbesuche in der Stadt und am Abend eine Vigil in einer dieser Kirchen vorsah.

Nachdem wir uns in den Hotelzimmern eingerichtet hatten, besuchten wir uns gegenseitig und nutzten diese „Ruhepause" für Gespräche. Man konnte sehen, daß wir uns alle aus jener segensreichen Atmosphäre hinausversetzt fühlten, die uns in diesem Land die ganze Zeit über umgeben hatte. Hier herrschte ein anderes Klima. Wir fragten uns, wo die Grenzen lägen, und um was es sich hier wirklich handelte. War es die Mentalität dieses Volkes; war es der Einfluß der Union bzw. Roms mittels der Union? (Unter Union versteht man die Gemeinschaft einzelner Ostkirchen mit der römisch-katholischen Kirche. Seit dem Ende des 16. Jahrhunderts verband eine solche Gemeinschaft die Ukrainer mit Rom. In den Jahren 1946 bis 1950 wurde diese Union mit äußeren Machtmitteln des kommunistischen Staates zerstört.) War es die Nähe Mitteleuropas, im Unterschied zu Nordeuropa im Falle Leningrads? Nachdem wir keine Antworten auf diese Fragen finden konnten, wuchs der Wunsch in uns, auch hier so rasch wie möglich dem Kirchenvolk zu begegnen, denn nur das Volk redet mit seiner eigenen Sprache und gibt die richtigen Antworten auf alle Fragen.

Einer der drei, die damit beauftragt waren, unsere Gastgeber zu sein, verriet, daß er deutsch sprach. Tatsächlich sprach er es fließend. Danach aber mußte ich die ganze Zeit seine Fragen über alles und jedes im Westen und auf dem Heiligen Berg über mich ergehen lassen. Darüber hinaus antwortete er ausführlich auf Fragen, die ich ihm nicht gestellt hatte, und ließ sich über die unbegrenzte Freiheit und die Möglichkeiten aus, welche die Kirche hier bei ihnen habe.

Die unglückliche Teilung der ukrainischen und der russischen Kirche

Wir machten uns auf, die hiesigen Gotteshäuser zu besuchen. Sie waren allesamt eine Kopie der westeuropäischen. Wir wurden in drei dieser Kirchen gebracht, während es für die Kathedrale der heiligen Peter und Paul nur zu einem kurzen Besuch reichte, da sie sich „im Umbau“ befände. Nur der Schmuck im Innern der Kirche trug hiesigen Charakter. Die ukrainische Kirche war offiziell seit 1596 bis 1946 in der „Union“ gewesen, dann hatte sie sich mit der russischen Kirche „vereinigt“. Seitdem waren in den hiesigen Gotteshäusern anstelle von Statuen Ikonen und

Fresken russischen Stils zu sehen, doch blieb der passive Widerstand auch hier nicht aus und wurde mehr als auffällig geäußert. Man fand eine dritte Lösung. Volkstümliche Stickereien, die die Gläubigen der Kirche vermachten, traten an die Stelle von Ikonen und Fresken. Überall sah man von Hand gefertigte Stickereien: Fahnen mit den Gesichtern von Heiligen, Gewänder, Decken, Gobelins an den Wänden, Vorhänge an den Altartüren. In alldem überwog die Farbe Blau und stand in auffälligem Mißverhältnis zu der dunklen Patina des Gotteshauses. Einer von uns bemerkte, daß das vielleicht Ausdruck dafür war, wie wenig die slawische Seele für den Geist der römischen Kirche geeignet sei.

Endlich kamen wir in die „Russische Kirche". Sie stand auf einer Anhöhe, in der Mitte eines kleinen Kirchhofs, der mit hohen Bäumen bewachsen und ganz abgeschlossen vom profanen städtischen Leben war. Ihre Kuppeln, die sich emporwanden, glichen geistigen Antennen, die durch das Gebet Himmel und Erde verbanden. Mehrere russische Greisinnen standen vor dem Eingang und erbaten unseren Segen. Eine Ukrainerin ging fanatisch schimpfend auf sie los. Der alte Erzpriester Nikolaj stand mit seinem weißen Haar und mit langem Bart, hochgewachsen und demütig vor dem Eingang zum Gotteshaus, während drei Glocken vom Turm her harmonisch tönten. Wir verehrten die Ikonen in der wunderbaren Kirche; ihre Atmosphäre war erhaben und warm zugleich. Doch wurden unsere Augen am stärksten von der lebenden Ikone angezogen, die Vater Nikolaj darstellte: Aus seinen Augen strahlte väterliches Mitgefühl und die Bereitschaft zu dienen. Er wartete darauf, daß wir ihn etwas fragten; er drängte sich nicht auf. Aber unsere Führer trieben zur Eile an. Man konnte es gleich bemerken: Die Russen lebten hier, trotz der „Einheit", in der Diaspora. „Siehst du“, sagte ich zu Vater Polykarp aus dem Kloster Zographou, „es gibt keinen größeren Widerspruch zum Christentum als den nationalen Chauvinismus.“ Er stimmte zu.

Am Vorabend des Sonntags wurde in einer der Kirchen die Vigil gefeiert. Unter den Gläubigen fielen die jungen Menschen besonders ins Auge. Junge Männer und Frauen waren, nach örtlichem Brauch, von der Eingangstür bis zur Solea nach Geschlecht getrennt und hielten die Kirchenfahnen mit den gestickten Gesichtern von Heiligen hoch. Der gemischte Chor sang sehr ausdrucksvoll. Das Volk verfolgte den Gottesdienst mit Aufmerksamkeit und Hingabe. In bestimmten Momenten wurden die Fahnen nach unten gesenkt und die jungen Köpfe mit ihnen – ein schöner Anblick. Was war hier Teil der Organisation und was war echte Spontaneität, fragte ich mich. Ich betrachtete von meinem Platz aus die zahlreichen im Gebet versammelten Menschen. Die Flammen der Kerzen, die handgearbeiteten Priestergewänder, die Farben der Fahnen und Vorhänge, die Bewegungen, die die Gläubigen im Gebet ausführten, die Melodien der Gesänge und der Geruch des Weihrauchs – all das ließ ein stimmiges und unvergeßliches Ganzes entstehen. Aus dieser geistigen Atmosphäre, die ihre besondere Prägung hatte, fielen nur zwei fremdartige Faktoren heraus: die glattrasierten Gesichter der Priester und die nackten, dunklen Flächen in den Gewölben der Kirche.

Man bekam hier den Eindruck, als sei dieses Volk doch nicht in seiner eigenen Kirche. Die Priester schienen nur von der Herkunft her an das Volk gebunden zu sein, während sie geistig dem Westen zugewandt waren. War der Preis nicht zu hoch, nur damit die Union auf ihre Weise diesem Volk seine nationale Integrität garantierte? Wieviel Unglück brachten diese

Teilungen und Entfremdungen; und das unter Brüdern gleichen Blutes, gleicher Sprache und derselben Vergangenheit.

Früh am Morgen verließen wir Lemberg und fuhren in die Lawra von Potschaew. Hier lebte bis zur Mitte des 17. Jahrhunderts der selige Iow von Potschaew. Als Abt hatte er dieses Kloster zu einem großen Heiligtum des russischen Westens gemacht. Nach zweistündiger Fahrt kamen wir dort an.

Die religiöse Erweckung ganz Rußlands

Vor der Kirche standen viele Menschen, die während der frühen Liturgie keinen Platz im Inneren gefunden hatten. Der Archimandrit Jakow, Abt dieses Klosters, der seit unserem ersten Tag in Rußland bei uns war, hatte gestern abend Lemberg verlassen, damit er uns hier als Hausherr empfangen konnte. Zusammen mit einer Gruppe junger Mönche begrüßte er uns, breitete dabei seine Arme aus, und wir tauschten den dreifachen Bruderkuß. Dabei wurden wir von einem solch mächtigen Glockengeläut begleitet, daß wir die starken Vibrationen dieses archaischen Klangs sogar physisch erlebten.

Wir betraten die Kirche, in der unsere Gruppe bei der feierlichen Liturgie mitzelebrieren sollte. Das Gotteshaus war nicht hoch, dafür aber riesig in seinen Ausdehnungen. Nach Beendigung der frühen Liturgie hatte sich das Volk in alle Richtungen zerstreut: es hielt sich in der Kirche, im großen Hof und vor allem vor dem Kloster, wo dichte Föhren tiefen Schatten spendeten, auf. Eines war auffallend: hier gab es mehr Männer als an anderen Orten, die wir besucht hatten, und auch viele jüngere Frauen. Betrachtete man dieses Volk und seine Haltung dem Kloster und den hiesigen

Mönchen gegenüber, so bekam man den tiefen Eindruck, daß dieses Heiligtum ihre geistige Heimat war, wo sie sowohl Kraft als auch Hoffnung fanden, um durch ihren Glauben die Last des Lebens tragen zu können.

Als die Glocken den Beginn der neuen Liturgie ankündigten und der Chor das große „Amen" gesungen hatte, war die Kirche gedrängt voll. Wann sich das Volk, das an der frühen Liturgie teilnahm, mit diesem jetzt abgewechselt hatte, war nicht klar. Oder waren vielleicht dieselben Menschen wieder beim Gebet, um noch stärker von seinem wohltätigen Geist erfüllt zu werden – wer weiß das schon? Von dem hohen Berg, auf dem das Kloster lag, konnte man im Umkreis nur ein einziges Dorf sehen.

Die Klöster sind heute in Rußland zu einem strahlenden Licht geworden, das immer stärker und tiefer die Finsternis des sowjetischen Lebens durchbricht. Die Mönche von Potschaew verlassen ihr Kloster nie. Gemäß dem Weg ihres geistigen Lehrers Iow verrichten sie ihre missionarische Arbeit an sich selbst. Daher bewirkt ihre Lebensweise, von der ein wunderbarer Duft ausgeht, daß das Volk, den Bienen vergleichbar, sie sucht und findet. Vom Abt und von der Bruderschaft haben wir gehört, daß diese Gläubigen nicht nur aus der näheren Umgebung, sondern größtenteils von weiter her kommen. Ihr Glaube führt sie hierher. Vor der Macht dieses Glaubens versagt das starre, von der Sowjetmacht aufgezwungene Kontrollsystem. Dieses Volk vermochte auch im Gefängnis sein Gebetshaus zu finden und bei der Zwangsarbeit seinen Seelenfrieden und seine geistige Freiheit.

Die heilige Liturgie dauerte an, doch die Zeit schien stillzustehen. Man empfand die Länge des Gottesdienstes nicht, weil er nicht ermüdete. Wie nah waren einem hier jene Worte des Psalmensängers:

„Tausend Jahre sind wie ein Tag.“ Ich stand am Rand der Solea und betrachtete das Volk. Dieser Anblick hatte keine zerstreuende Wirkung – er sammelte. Alle Gesichter waren wie eines – und das ganze Volk ein Gesicht. Das betende Volk glich hier den gläubigen Menschen, die wir im Kloster Petschorij bei Pskow gesehen hatten. Dasselbe Volk! Die religiöse Erweckung hatte also ganz Rußland erfaßt.

Wann würde die Wirkung der Gnade des Höchsten auf den traurigen und unglücklichen Balkan herabsteigen, auf die südliche Sprosse des slawischen Geschlechts, um die Menschen dort einander näherzubringen und zu vereinigen; dort, wo alles entzweit ist. Dort, wo jeder nur sich selbst sucht und sich darüber immer mehr von sich selbst entfernt und damit auch von den anderen in seinem Umkreis.

Diese spontan aufgestiegenen Gedanken wurden durch den neuen Einsatz des großen Chors unterbrochen. Der Cherubim-Hymnus erklang. Im Altarraum bereiteten die Liturgen den großen Einzug vor, der die Wiederholung des Weges Christi nach Golgatha, zum Opfertod am Kreuz für das ganze Menschengeschlecht, darstellte. Die Diakone räucherten, die Meßdiener hielten die Rhipidien und Kerzen in den Händen, während das reumütige Volk, das sich dieses Augenblicks bewußt war, mit bebendem und demütigem Herzen seinen Erlöser in Gestalt der Opfergaben erwartete, die bei der Kommunion unter den Kommunikanten zur Reinigung und Stärkung der Seele und des Körpers verteilt werden würden. In welch hohem Maße ist doch das Ritual der Ostkirche voller Substanz und vielsagender Symbolik. Hier gibt es weder eine Regie noch Pose. Alles ist Symbolik! Alles ist mit dem Leben verwachsen und dient dem Leben, dem ewigen Leben.

Gegen Ende der Liturgie lösten sich Hunderte von

Kommunikanten aus der Masse und traten zum Altar. Neben dem Abt Jakow reichten auch drei Athos-Mönche das Abendmahl. Am Ende des Gottesdienstes gab der Abt dem Volk bei der Predigt unsere Anwesenheit bekannt und begrüßte uns. Die Augen der Menschen leuchteten uns entgegen. Wir standen, gerührt von der Wärme dieser Blicke, auf der Solea.

Einer von uns wandte sich an den Abt und das Kirchenvolk, dankte für die geistigen Gaben und überbrachte unseren Gruß vom Heiligen Berg Athos.

Wieder betrachteten wir unverwandt dieses durchgeistigte Volk; sein verklärtes Angesicht mit den gnadenvollen Zügen, die es in der Begegnung mit Gott und durch das Leiden und den Trost, den es in der Kirche fand, erlangt hatte. Später sagte einer unserer Mönche, daß ihm diese Gesichter wie die von Engeln erschienen seien und daß diesem Volk nur die Flügel fehlten, um sich auch physisch zum Himmel emporzuschwingen, dorthin, wo es eigentlich mit seiner Seele zu Hause war.

Als wir die Kirche verließen, lagen unsere Hände in den Händen des Volkes, wurden geküßt, gedrückt, riß man sich um sie. Schließlich fanden wir uns in den langen Gängen des Wohnhauses wieder und danach im Speisesaal, wo uns die gesamte Bruderschaft, fünfundvierzig an der Zahl, erwartete. Die Tische waren bis zum letzten mit einheimischen Gästen besetzt. Zwölf Mönche mit weißen Schürzen bedienten beim Essen. Es war reich gedeckt. Abt Jakow bot uns immer wieder etwas an, stand auf und bediente uns, während Vater Awelj, Abt des Klosters Panteleimon, uns dazu ermutigte, von allem zu nehmen. „Bei uns Russen ist das so: Wenn wir arbeiten, arbeiten wir viel; wenn wir beten, beten wir lange; wenn wir essen, essen wir gut ...“

Der Fuß des seligen Iow

Nach dem Mittagessen hatten wir frei, um uns ausruhen zu können. Einer der hiesigen Mönche, Vater Pitirim, nahm sich meiner an. In der Geistlichen Akademie von Sagorsk hatte er von einem mitstudierenden Serben genug serbokroatische Wörter gelernt. Er wollte mit mir über den Heiligen Berg sprechen und mir hier im Kloster so viel wie möglich zeigen. Wir traten in den Hof hinaus und besichtigten die verschiedenen Gebäude. Ich photographierte, und er gab mir dazu die historischen Erläuterungen. Es war schön, ihm zuzuhören. Ich erfuhr, daß zehn Mitglieder der Bruderschaft die Geistliche Akademie abgeschlossen hatten. Welch bedeutende Sache: tiefe Frömmigkeit, gepaart mit hoher Bildung. Deshalb war die geistliche Pflege, die das Volk hier erfuhr, so segensreich.

Als ich mit Vater Pitirim die zweite große Kirche, erbaut über der Höhle des seligen Iow, betreten hatte, in der ihm die Allerheiligste Muttergottes, umgeben von Flammen, erschienen war und sich deren Fußabdruck auf einem Felsen in eine Quelle verwandelt hatte, machte er mich auf den Parkettboden aufmerksam. „Sehen Sie her", sagte er, „wir betrachten die Tatsache, daß uns die Behörden erlaubt haben, diesen Parkettfußboden zu legen, als ein von der Gottesmutter kommendes Wunder. Jetzt muß unser Pilgervolk, wenn es kalt wird, nicht mehr draußen frieren, sondern kann hier auf dem Boden übernachten, und das zu Hunderten."

Abt Jakow erschien mit den anderen, und wir schlossen uns ihnen an. Wir durchquerten die Kirche der Muttergottes, tranken Wasser aus dem Abdruck ihres Fußes und stiegen dann die Treppe in die Höhle des seligen Iow hinunter. Weil unsere Augen an das

Tageslicht gewöhnt waren, konnten wir in der Dunkelheit nichts erkennen. Weder die brennenden Kerzen noch die Öllämpchen halfen uns zu unterscheiden, wo wir uns befanden und was uns umgab. Während Abt Jakow über den seligen Iow sprach, der 1551 geboren wurde und nach genau hundert Jahren starb, ergriff Vater Pitirim meine linke Hand, zog mich weiter nach vorn und legte meine Hand auf etwas, das sich warm anfühlte. Mein Verstand stand still, ich konnte mir nicht erklären, was das war, zog meine Hand zurück und fühlte auch weiter eine wohltuende Wärme in ihr. In diesem Augenblick nahm jemand eine der Kerzen, die vor der Ikone des Heiligen brannten, und gab sie dem Abt. Mit Hilfe des Lichts konnten wir sehen, daß er seine Kopfbedeckung abgenommen hatte, deshalb nahmen auch wir unsere ab. Vater Jakow brachte die Kerze herbei, und ich sah von meinem Platz aus ein Gesicht mit geschlossenen Augen, umrahmt von Haaren und einem Bart, mit scharfen, asketischen Zügen. Ein starker Strom erfaßte mein ganzes Wesen. Ich stand genau zu Füßen des seligen Iow, und das, was ich vorher in den Händen gehalten und gedrückt hatte, war sein Fuß, die Zehen seines linken Fußes! Erregt und verwirrt schaute ich in das gütige Antlitz des Heiligen und begann langsam wieder zu mir zu kommen. Was sollte ich denken? Jeder Versuch einer Erklärung schien mir in diesem Moment verfehlt.

Die Väter vom Heiligen Berg, meine Reisegefährten, begannen, nach dem Abt Jakow, sich vor dem seligen Iow zu verbeugen. Ich trat als letzter hinzu und berührte mit Lippen und Stirn die über der Brust gekreuzten Hände des Heiligen. Wieder fühlte ich den Strom, der mich in Wellen durchdrang. Dann trat ich zurück und schaute auf ihn nieder. In der durchlässig gewordenen Dunkelheit sah ich, wie mehrere Gestalten bei seinem Sarg knieten. Sie sprechen mit ihm, dachte ich. Und in dieser Stunde wurde mir klar, daß die Wärme, mit der dieses Volk glaubte, jene Wärme war, die vom Leib des gottgefälligen Iow ausging. Das war jene Wärme, die der Heilige Geist all jenen spendet, die sich im tätigen Glauben durch Christus mit Ihm vereinigen. Und der selige Iow von Potschaew half seinem Volk dabei.

Meine Gruppe setzte mit Abt Jakow den Klosterrundgang fort. Ich blieb noch einige Zeit in der Höhle des seligen Iow, da ich sah, daß es auch Vater Pitirim nicht eilig hatte. In meiner Seele war es ruhig, und mir war warm ums Herz. Die Grenze zur Ewigkeit war ganz nah ...

Das Volk kam in Gruppen und einzeln lautlos herein, blieb neben dem Heiligen stehen und ging leise wieder hinaus. Mir fehlten die Vorkenntnisse über den seligen Iow, über seine Taten und geistlichen Erfahrungen. Der heilige Seraphim von Sarow war mir in dieser Hinsicht vertrauter. Aber die Heiligen sind sich in vielem gleich. Sie zeichnet vor allem evangelische Unbedingtheit aus. Ohne Vorbehalt und Zurückhaltung sind sie Christus bis Golgatha gefolgt und weiter noch – bis zur Auferstehung. Deshalb sind sie unsere Stellvertreter vor Ihm und stehen uns, mit menschlichen Augen betrachtet, in gewisser Weise näher als Er. Vor allem die Heiligen, deren Körper noch hier weilen, die wir berühren können, mit denen wir sogar, wenn wir es verstünden, sprechen könnten. Wie ergreifend sind die Worte des hl. Seraphim, die er vor seinem Hinscheiden sprach: „Wenn ich nicht mehr hier sein werde, kommt oft zu meinem kleinen Grab. Kommt, wann immer ihr Zeit habt. Erzählt mir von allem, was euch quält, sprecht mit mir, als ob ich lebendig wäre, ich werde euch zuhören, und euer Leid wird vergehen, denn für euch werde ich immer lebendig sein."

Wie glücklich kann Rußland heute trotz seines Unglücks sein, wenn es solche Heilige hat, die nach ihrem Tod immer noch da sind, um zu helfen, wie sie es im Leben getan haben. Noch einmal näherte ich mich dem seligen Iow, erbat seinen Segen und verließ die Höhle.

Das Martyrium der Mönche von Potschaew

Es war die Zeit der Abendandacht in der Kirche. Die Menschen hatten sich schon vor deren Beginn dort eingefunden. Wie überall konnte man auch hier beobachten, daß die Gläubigen es stets eilig hatten, in die Kirche zu kommen, nicht aber sie zu verlassen. Welch ein Reichtum lag in dieser Auffassung, daß wir im Gebet eine hohe Pflicht uns selbst gegenüber erfüllen, daß es unsere eigenverantwortliche Verpflichtung Gott gegenüber ist, Ihm unsere Seele rein und mit Demut erfüllt zu übergeben. Gewiß war dieses Gefühl, die Verpflichtung der eigenen Seele gegenüber erfüllt zu haben, auch die Ursache jener Zufriedenheit auf den leuchtenden Gesichtern dieser Menschen. Der Heilige Geist selbst zeigt dem Volk den Weg zum Heil, da es die Kirche in diesen schweren Zeiten allein nicht kann. Der russischen Kirche sind heute viele der Freiheiten genommen worden, die sie in der Zeit der Zaren hatte.

Schwere Zeiten sind für die Kirche Christi voll großer Möglichkeiten. Wenn sie sich selbst treu bleibt, ihre wahre Natur erkennt und allein ihrer Bestimmung lebt, dann wird sie alle Stürme besänftigen und jeden Ertrinkenden retten, der seine Arme nach ihr ausstreckt.

Nach der Abendandacht begab sich ein Teil unserer Gruppe wieder in das riesige Gebäude des Klosters, während drei von uns von drei hiesigen Vätern in eine ihrer Zellen eingeladen worden waren. Der Samowar war schon angeheizt, und die Tassen standen vor uns. Ich konnte keinen besonderen Grund für die Einladung erkennen, doch klärten sie uns auf, noch bevor sie den Tee serviert hatten. Der Älteste begann mit seiner Erzählung, die er offenbar für diese Begegnung vorbereitet hatte. Er sagte: „Wir wissen, was ihr auf dem Heiligen Berg leistet. Als Muster für unser geistiges Ideal dienen uns orthodoxen Mönchen unsere althergebrachten Lehrer, von Antonij dem Großen und Pachomij dem Großen über unseren Vater Paisij Velitschkowskij, die Starzen von Kiew und Optina-Pustin bis zum heiligen Johannes von Kronstadt, der, obwohl er ein Weltpriester war, doch wie ein Mönch lebte. Für uns ist er heute ein besonderes Vorbild, da auch wir in der Welt leben. Wir können nur Gott loben und unseren heiligen Pilgern für die Kraft danken, die sie uns geben, damit wir uns an diesem Ort und in dieser Zeit behaupten können. Doch ihr vom Athos wißt nichts über die Leistungen im Kampf mit der ständigen Furcht vor den gottlosen Menschen, die die Macht besitzen und die jetzt schon 70 Jahre bei uns herrschen. Niemand weiß, wie sie uns behandeln. In unserem Kloster lebten 1963 einhundertzwanzig Mönche. Eines Abends tauchten vor unseren Mauern Lastwagen auf. Die Miliz verlangte, daß wir uns alle vor dem Eingang einfinden. Wir gingen mit unserem Abt hinaus, ohne zu ahnen, was sich ereignen würde. Als sie uns befahlen, die Lastwagen zu besteigen, und auf unsere Frage, wohin sie uns bringen würden, keine Antwort gaben, sondern uns grob zum Einsteigen trieben, erfaßte uns eine Vorahnung, und wir wandten uns dem Eingang zu, um ins Kloster zurückzukehren. Sie gebrauchten grobe Gewalt. Das fromme Volk, das sich zu dieser Stunde hier befand, stellte sich zwischen uns und die Miliz und stürzte auf sie los. Da die meisten von ihnen alte Mütterchen waren, wich die Miliz, trotz ihrer Brutalität, vor den zerfurchten Gesichtern und den verweinten Augen zurück; sie ließen von uns ab und fuhren davon.

Als wir unsere Seelenruhe durch das Gebet wiedererlangt hatten und als auf die Eingabe, die unser Abt an die höhere Kirchenbehörde geschickt hatte, keinerlei Erklärung kam, nahmen wir an, daß es sich um einen Irrtum gehandelt habe, und setzten unser Leben normal fort.

Nach etwa zehn Tagen bemerkten wir, daß nicht mehr so viele Menschen wie gewöhnlich zu uns kamen. Eines Nachts, als wir uns schon zur Ruhe begeben hatten, begann ein Klopfen; man hörte Stimmen, Schreie, Hilferufe. Überall Miliz. Wir befanden uns in ihrer Hand. Wir beeilten uns, das Notwendigste mitzunehmen.

Plötzlich fanden wir uns auf Lastwagen, die durch die Nacht rasten, in den Kurven wankten, immer weiter, bis der Tag anbrach. Da hielten sie an und wir stiegen aus. Um uns war, zu beiden Seiten einer Lichtung, Wald. Wir wurden in einer Reihe aufgestellt. Sie standen etwas weiter von uns entfernt und drehten die Waffen in ihren Händen. Wir dachten, daß sie uns an Ort und Stelle umbringen würden. Die Jüngeren unter uns waren aufgeregt. Unser Gebet war wie ein Hilferuf im Gespräch mit dem Himmel.

Schließlich wandten sich die Gefolgsleute des Teufels den Lastwagen zu. Einer von ihnen gab uns mit grober und drohender Stimme zu verstehen, daß wir frei seien und gehen könnten, wohin wir wollten. Sie fuhren weg und wir blieben zurück.

Keiner von uns hatte einen Ausweis, und selbst wenn wir einen gehabt hätten, war er nur für den

Bezirk gültig, in dem er ausgestellt worden war. Das Ausweissystem bei uns bedeutet, daß man in einem bestimmten Gebiet eingekerkert ist. Wenn dieses Gebiet ohne Genehmigung verlassen wird, dann ist der Kerker oder das Arbeitslager die Folge. Die Freiheit also, die sie uns jetzt gegeben hatten, war voller Ungewißheit und Gefahren.

Gemeinsam beteten wir zur Mutter Gottes, teilten uns dann in Gruppen und brachen auf. Bevor wir uns auf den Weg machten, zählten wir nach und stellten fest, daß zehn von uns im Kloster geblieben waren. Wir fragten uns, was mit ihnen geschehen sei. Gleichzeitig dachten wir voller Furcht, was wohl mit uns geschehen würde.

Was wir alles durchmachen mußten, damit nach und nach wenigstens einige von uns hierher zurückkehren konnten, läßt sich kaum beschreiben. Gott führte uns, und gute Christen gaben uns Brot und wiesen uns den Weg. Diejenigen, die wir im Kloster vorfanden, erzählten uns, daß sich eine große Menge unseres Volkes aus der näheren und weiteren Umgebung versammelt und eine lebende Mauer um das Kloster gebildet hatte. Sie erlaubten nicht, daß das Heiligtum in die Hände des gottlosen Staates fiel, koste es auch ihr Leben. Schließlich hatten sie Erfolg. So wurde das Kloster durch die Entschlossenheit unserer Gläubigen gerettet.

Sie müssen wissen, daß es auch heute keine Freiheit gibt. Als Besucher sehen Sie das nicht. Chruschtschow hat damals 65 Klöster und 7000 Kirchen schließen lassen. Es blieben nur drei Männerklöster übrig. Die jetzigen Behörden erlauben nicht, daß man aus freiem Entschluß ins Kloster eintritt. Unser Volk liebt die Kirche, es strebt zu den Klöstern hin. Es würde alle Klöster, so viele es auch geben mag, füllen, aber keiner darf eintreten, wenn es die Behörden nicht erlauben. Sie halten jeden religiösen Menschen für abnormal. Wenn ein Kandidat die Erlaubnis erhalten will, in ein Kloster aufgenommen zu werden, muß er die Bestätigung einer psychiatrischen Klinik vorweisen, daß er chronisch krank sei. Der Herr selbst und der selige Iow jedoch heilen diese Kranken oder bewegen die Herzen der Ärzte, auch Gesunden diese Bestätigung auszustellen. Deshalb sind wir heute fünfundvierzig Mönche und können Gott ehren und seinem Volk in diesem Heiligtum dienen."

Während dies erzählt und übersetzt wurde, hatten wir nicht einmal die Hälfte unserer Tassen ausgetrunken. Die Väter boten uns an, heißen Tee zuzugießen, aber wir waren an den Samowar nicht gewöhnt wie sie und lehnten deshalb freundlich ab. Danach wollte uns ein anderer der Väter etwas erzählen. Man merkte, daß sie diese Gelegenheit ausnutzen wollten, um ihrem geistigen Getto zu entrinnen, wenn auch nur für diesen Augenblick. Dem Gespräch mit dem ersten Bruder hatte der dritte hinzugefügt, daß man sich selbst im Kloster nicht laut äußern noch sich jemandem anvertrauen dürfe. „Wir kommen ohne einen Sinn für Konspiration zur Welt", fügte der erste hinzu. „Aber letztendlich ist das gut so. Je weniger menschliche Pläne und Wünsche wir haben, desto mehr sind wir von Christus erfüllt. Wir wissen, daß wir nur mit seinem Kreuz das Böse in uns besiegen können."

Ich schaute den zweiten von ihnen fragend an, da er offenbar ebenfalls etwas auf dem Herzen hatte. Er begann: „Wir leben in der Zeit des Antichristen. Gott hat zugelassen, daß großes Elend über unser Volk kommt. Unsere Machthaber können nichts, was gut ist, ertragen. Mein Vater hat mir erzählt, wie es früher war, vor diesem Regime. Da wurden die besten Leute im Dorf, die als Beispiel für Rechtschaffenheit geachtet wurden, wie ihre Familien und ihr Besitzstand zeigten, zu Gemeindevorstehern gewählt, um dem ganzen Dorf förderlich zu sein. Nach der Revolution verschwanden diese guten Menschen aus den Dörfern, und man hörte nie wieder etwas von ihnen. Alles wurde anders. An deren Stelle kamen die letzten aus dem Dorf, die man früher Pferdediebe genannt hatte, weil sie über die Grenze nach Österreich gingen, um dort gute Pferde zu stehlen und sie dann hier zu verkaufen. Sie wurden die führenden Leute, und dieser Menschenschlag ist heute an der Macht und quält das Volk", schloß er sichtlich erregt. Und der Älteste fügte hinzu: „Wir alle wissen und fühlen, daß nur Gott uns helfen kann. Deshalb sind Gebete und Reue die stärksten Waffen gegen dieses Übel. Aus diesem Grund wird der Glaube in unserem Volk auch immer stärker und die Reue immer größer."

Ich sah alle drei an. Ihre ernsten und würdigen Gesichter zeugten von geistig reifen Menschen. Es war offensichtlich, daß sie eine große Lebenserfahrung hatten und ihnen ihre schwere Rolle im geistigen Kampf mit dem herrschenden Bösen bewußt war. Sie gaben dem Leben dieses geplagten Volkes einen Sinn, indem sie es durch das sakramentale Leben in der Kirche mit Gott verbanden. Und das Volk erwiderte das durch seine Ergebenheit und sein geistiges Wachstum.

Es war Zeit, zu unserer Gruppe zurückzukehren. Einer unserer Gesprächspartner schloß sich uns an, die zwei anderen kamen später nach. Abt Jakow strahlte vor Freude. Ich hatte erwartet, daß an diesem Abend ein Schatten von Trauer auf sein Gesicht fallen würde, da die Trennung von uns bevorstand, aber ich hörte von Grigorij, daß Vater Jakow uns bis zum Ende unseres Rußlandbesuches begleiten würde.

Wir saßen im großen Empfangsraum, wo man einen reichen Imbiß für uns vorbereitet hatte. Unser

Gastgeber sagte: „Das, was Sie vor sich sehen, liebe Väter vom Heiligen Berg, haben Ihnen zu Ehren die fleißigen Hände unserer Pilger aus den Nahrungsmitteln bereitet, die sich im Kloster fanden." Und er fügte hinzu: „Es gibt wenige Klöster in unserer Heimat, aber viele fromme Menschen. Jeder bringt dem Kloster etwas mit, und der Herr segnet und vermehrt es, so daß sowohl wir als auch das Volk in Hülle und Fülle versorgt werden. Darüber hinaus haben wir eine Landwirtschaft, wie man sie ihresgleichen in der ganzen Gegend sucht, da es unsere Pilger als größte Ehre betrachten, im Kloster zu arbeiten, um auf diese Weise unserer Bruderschaft zu helfen."

Nach dem Mittagessen wurden Geschenke verteilt. Vater Jakow beschenkte uns reich, bedankte sich für unseren historischen Besuch in seinem Kloster und für die Gebete, die auf dem Berg Athos für alle Orthodoxen und für den ganzen Erdkreis gesprochen werden. Von unserer Seite wurde mit bewegten Worten die Dankbarkeit für all das zum Ausdruck gebracht, was wir in diesem Heiligtum der Mutter Gottes erlebt und was wir von der Bruderschaft des seligen Iow und ihrem Abt Jakow für unsere geistige Stärkung erhalten hatten.

Die Gläubigen suchen den Athos-Segen

Währenddessen drang von draußen vielstimmiger Gesang zu uns herauf, so daß wir die Mönche, die neben uns standen und uns bedienten, fragten, was das sei. Sie erklärten uns, daß das Volk warte, um von uns den Segen zu empfangen. Grigorij rief uns zusammen und bat den Abt Jakow, er möge uns verabschieden, denn es würde Nacht und zu spät für das Volk, weiter zu warten. „Unsere Pilger haben, da sie hierbleiben, genug Zeit", meinte einer der Einheimischen. Und Vater Jakow fügte hinzu: „Selbst wenn ihr bis zum Morgen bleiben würdet, würde das Volk die ganze Zeit auf euch warten, um den Athos-Segen zu empfangen."

Sobald wir den Ausgang erreicht hatten, sahen wir uns nicht Dutzenden, sondern Hunderten von Menschen gegenüber, deren Augen gespannt auf uns geheftet waren. Da wir aus Erfahrung wußten, was uns erwartete, beschlossen wir, Abt Emilian aus dem Kloster Simonos Petras solle im Namen aller eine kurze Ansprache halten und ihnen allen zusammen den Segen geben. Abt Jakow aber solle die Gläubigen bitten, sich nicht einzeln von uns den Segen geben zu lassen, damit wir möglichst bald zurückfahren könnten. Unser Abt begann seine Rede, aber auch das Volk folgte seinem gewohnten Ritual. Diese Szene hätte man sich nie ausdenken können. Auf dem von einigen Lampen schwach beleuchteten großen Platz vor dem Kloster brodelte es. Die Menschen ergriffen unsere Hände, küßten sie mehrere Male und drückten sie an ihre Brust. Darunter waren auch junge Mädchen, Kinder und mehrere junge Männer. Das Gesicht von Nikolaj wird uns in ewiger Erinnerung bleiben. Er bat uns um unsere Gebete. Seine leuchtenden Augen waren von unbeschreiblicher Sehnsucht erfüllt. Unsere Kehle verkrampfte sich, und wir verstummten.

Mit Hilfe der Mönche und Chauffeure gelang es uns, die Wagen zu besteigen. Aber die Menschen ließen uns nicht abfahren. Sie klopften außen an die Scheiben, baten darum, daß wir sie herunterlassen, und warfen kleine zusammengefaltete Zettel herein, auf denen Namen standen, derer wir im Gebet gedenken sollten. In diese Zettel hatten sie Rubelscheine hineingelegt. Die Chauffeure ermahnten sie, die Scheiben nicht zu beschädigen. Statt unsere Hände zu küssen, küßten sie nun die Autos. Man konnte die religiöse Begeisterung, die die Menschen erfaßt hatte, nur schwer begreifen, so ungewöhnlich waren ihre Äußerungen.

Als wir das Kloster hinter uns gelassen hatten, begannen wir langsam wieder zu uns zu kommen. Der erste Versuch, in meinem Wagen ein Gespräch zu beginnen – verwandelte sich schnell in Schweigen. Alle hatten sich in sich selbst zurückgezogen. Ich aber konnte mich von der Begeisterung jener Menschen nicht befreien. Ich fragte mich, ob meine griechischen Brüder vom Athos sie verstanden hätten. Denn man mußte imstande sein, all das zu sehen, was hinter dieser Begeisterung lag; empfinden können, woher sie kam, und erkennen können, warum gerade wir Athos-Mönche sie durch unsere bloße Anwesenheit hervorgerufen hatten.

Meditation auf dem Friedhof in Lemberg

Der Montag ist vermutlich in Lemberg ein Tag wie jeder andere Wochentag. Im extremen Sozialismus, wie er in diesem Land waltet, regiert die Einförmigkeit bis in die letzten Winkel des gesellschaftlichen Lebens. Aber der Montag und die anderen Wochentage sind nur ein Zeitmaß – Namen für ein kleines Teilchen im Zeitenstrom. Die Zeit an sich läßt sich weder erfassen noch ergründen. In ihr liegt der Anfang und das Ende aller irdischen Dinge und Erscheinungen, und deshalb auch derjenigen, die mit den Buchstaben UdSSR gekennzeichnet sind. Das machte uns das erste Erlebnis dieses Morgens klar, als wir um 8 Uhr, nach dem Frühstück, durch die Alleen des Historischen Friedhofs streiften, der sich in unmittelbarer Nähe der Stadt befindet. Er wird deshalb so genannt, weil er groß und alt ist. Auch sein Name – Kulturmuseum – entspricht durchaus dieser Realität.

Lemberg ist tatsächlich im wahrsten Sinn des Wortes eine historische Stadt und eine Stadt der Kultur, so daß diese Kennzeichen sowohl symbolisch als auch faktisch auf den Friedhof übergegangen sind. Die Zeitläufe brachten für diese Stadt große Lebensveränderungen mit sich, viele Einflüsse und alle Arten von Krisen. Die Grenzsituation zwischen Osten und Westen führte auch hier dazu, daß die nationalen, religiösen, ideologischen und kulturellen Verknüpfungen, Verflechtungen und Entflechtungen den Blick, die Empfindungen und das Wollen schärften. Unser kurzer Gang durch die Stadt ließ uns davon in dem, was man im Vorübergehen von außen sehen kann, viele Spuren wahrnehmen.

Auf diesem Friedhof fühlten wir uns wohl. Das konnte man an allen Gesichtern ablesen. Er war viel größer als die Stadt, aus der er hervorgegangen war. Generation auf Generation war von dort hierher gekommen. Das Leben brach sich hier wie ein Strahl in einem Prisma. Die Grabmäler, die als Zeichen für diesen Übergang von der Gegenwart in die Ewigkeit standen, waren hier zum größten Teil echte Kunstwerke. In sie waren die Namen der Menschen dieser Stadt eingemeißelt, die durch ihre Taten und Leistungen ganze Epochen in diesem Raum geprägt haben.

Das erste, was uns angenehm auffiel, waren die Kreuze auf jedem Grabhügel. Dabei achteten wir gut auf die Zeit von 1917 bis heute. Ich fragte meinen Gesprächspartner – den deutschkundigen Pfarrer –, wie man diese Erscheinung zu verstehen habe, und er antwortete mir auf deutsch: „Bei uns sind alle arbeitenden Menschen Kommunisten, wenn sie aber mit 60 und 65 aufhören zu arbeiten und beginnen, an den Tod zu denken – werden sie alle Christen. Sie sehen, daß hier lediglich die Gräber von Offzieren keine Kreuze haben." Und tatsächlich, wo der fünfzackige Stern leuchtete, stand gewöhnlich nur der Name und der Rang eines Offiziers. Wir erfuhren auch folgendes Detail: Es geschah immer wieder, daß hölzerne oder eiserne Kreuze von übelgesinnten „Dogmatikern" beschädigt, zerbrochen oder verbogen wurden. Deshalb werden heute auf den Grabhügeln, manchmal sogar, wenn sie noch frisch sind, kleine oder größere Granit- oder Marmorgrabmäler mit eingemeißelten Kreuzen, dem Schutzengel oder dem Antlitz Christi oder der Muttergottes errichtet. Die reicher geschmückten Gräber aber tragen oft richtige Skulpturen.

Wir kamen auch am Grabmal des Erzpriesters Gawriil vorbei, der in dieser Gegend ein großer Kämpfer gegen die Union gewesen war und diesen Kampf mit seinem Leben bezahlt hatte. Wir versammelten uns um sein großes Kreuz aus Granit und hielten eine Totenandacht. Auf der anderen Seite der Allee sah man die Statuen der polnischen Kardinäle, die seinerzeit armenische Emigranten in diese Gegend brachten, nachdem die Türken ihr Land eingenommen hatten.

Dieser Friedhof bekommt eine besondere Atmosphäre dadurch, daß er dicht bewaldet ist. Das Klima und der Boden haben die Voraussetzungen dafür geschaffen, daß die hoch emporgewachsenen Stämme verschiedenartigster Bäume den Umkreis zieren. Jedes Blatt schien uns wie ein Auge oder Ohr zu sein; die rauhe Rinde der Stämme – wie die Wege des Lebens; und die Zweige – wie ihr vielfach verflochtenes gesellschaftliches Leben, das hier sein Ende gefunden hatte und, bedeckt von Schatten und andächtiger Stille, in Frieden ruhte. Und diese Sonnenstrahlen, die schräg die Wipfel durchdrangen und auf uns niederfielen, waren wie ein Ausdruck der Dankbarkeit eben dieser

Seelen dafür, daß wir ihre sterblichen Überreste besucht und sie in unseren Gebeten erwähnt hatten. Ach, es gibt keinen besseren Ort als einen Friedhof, um zu meditieren, zu sich selbst und zu neuen und endgültigen Entscheidungen zu finden, um endlich seinen wahren Lebensweg zu gehen.

Am liebsten wären wir noch lange auf diesem Friedhof geblieben, denn wir fühlten, daß die geistige Atmosphäre dieses Ortes rein, klar und dem Leben näher war als jene im Reich der Lebenden. Hier hatte sich von 1917 bis heute fast nichts geändert. Hier regierte vor allem das Volk und nicht die Partei; der Glaube, nicht der Atheismus; die Wirklichkeit und nicht die Dialektik. – Doch das Programm mußte fortgesetzt werden.

Die zwei Pfarrer und unser Führer Grigorij schauten auf die Uhr und gaben das Zeichen zum Aufbruch. Sie führten uns in das Museum für Volksarchitektur. Die Gegend, die für dieses Museum ausgesucht worden war, war lieblich und voller Romantik. Dort war eine ganze Ansiedlung mit alten Bauernhäusern aufgebaut worden. Die wunderschönen hölzernen Wohnhäuser und Wirtschaftsgebäude vermittelten ein fast mystisches Bild der alten russischen Dörfer. Und die Kirchen zwischen ihnen – ihre geschwungenen Linien, die Art, wie sie sich in die wellenförmigen Linien der Umgebung, die mit verschiedenartigsten Bäumen bewachsen war, einfügten – und das blaue Firmament darüber flößten uns eine stille Ehrfurcht ein. Wir gingen in die erste, zweite und auch dritte Kirche. Irgendwie schienen sie sich dafür zu entschuldigen, daß ihre Öllämpchen nicht brannten und der Weihrauch nicht duftete. Aber wir wußten, daß es nicht ihre Schuld war, und wir empfanden mit ihnen den Schmerz des Unvermögens. Und doch war die Atmosphäre in ihnen authentisch. An der Ikonostase hingen die Ikonen, die Wände waren mit Fresken von Heiligen bedeckt, die Farben gut erhalten. Rechts von der Königspforte, hinter der Ikone des Erlösers, stand, gemäß der Vorschrift, die Ikone des Kirchenpatrons, dem die Kirche geweiht war, oder die Ikone des Feiertages. In jeder der drei Kirchen sangen wir das Troparion (ein kurzes Lied, das zum Gottesdienst gehört), ohne den „Segen" des Kustos zu erbitten. Hätten wir ihn gefragt, stellten wir erst später fest, so hätte er ihn uns nicht verweigert. Er war Architekt und ein ausgesprochen vornehmer Mann. Vielleicht hatte ihn zum Teil auch dieses Ambiente – wo aus den Gegenständen der Vergangenheit die Wärme und Schönheit der russischen Seele strahlte – dazu gemacht. Er konnte wunderbar erzählen, und er tat es nicht wie ein Fremdenführer, sondern wie ein Bruder in Christus.

„Die Kirche soll ihrem Stil und ihrer äußeren Gestalt nach von der Ehre Gottes zeugen, religiöse Gefühle erwecken und zum Gebet bewegen. Holz kann in diesem Sinne besser als jedes andere Material die Liebe und Ehrfurcht des Planers zum Ausdruck bringen . . .", erzählte er uns.

Einer unserer Begleiter klärte uns darüber auf, daß der Montag in diesem Museum ein „freier Tag" sei, doch war dieser junge Kustos freiwillig da, damit wir Athos-Mönche von ihm mehr erfahren konnten, als uns der bloße Anblick hätte vermitteln können.

Begegnung mit den Balsamträgerinnen

Die nächste Station war der „Ehrenfriedhof", in dem die Verteidiger Lembergs aus dem letzten Krieg ruhten. Die Offiziere lagen hier in Einzel-, die Soldaten in Gemeinschaftsgräbern. Auf allen Gräbern lagen Platten aus Granit. Wir standen da, ohne ein Wort zu sagen. Die älteren von uns, die den letzten Krieg erlebt hatten, mußten an das denken, was damals geschehen war. Hier lagen die Söhne dieses Volkes, die durch das Schicksal ihrer Epoche zwischen zwei Übel geraten waren: zwischen das einheimische und das fremde. Zu Anfang des Krieges akzeptierten sie das fremde Übel, um sich vom eigenen – größeren – Übel zu befreien. Als sich dann aber zeigte, daß das fremde Übel keineswegs kleiner war als das eigene, fanden sie sich nachträglich damit ab, eher das eigene als das fremde Übel zu ertragen. Indem sie eine Sklaverei vor der anderen verteidigten, fanden sie ihre Freiheit unter diesen Platten von Granit. Ihre Namen waren hier nirgends zu lesen. Auf den Platten befanden sich ausschließlich die Namen ihrer Offiziere und Politkommissare, von denen sie, bei der Verteidigung des „irdischen Paradieses", in den Tod geführt wurden.

In der Apokalypse wird von den Engeln der Kirchen (im Sinne von Gemeinden, siehe Offb 1,20) gesprochen. Der Engel der russischen Kirche begleitete uns offenbar immer. Er ließ auch in diesem Augenblick nicht zu, daß das Prosaische der Situation unsere Begeisterung niederdrückte, die bislang von Ort zu Ort und von Begegnung zu Begegnung gestiegen war. Während wir auf diesem Hügel über Lemberg standen und in die unbekannte Ferne schauten, kamen mit langsamen Schritten zwei Frauen auf uns zu. Sie kamen heran wie zwei Engel, hierher, zu diesen ungeweihten Gräbern. Es waren zwei einfache Frauen aus dem Volk, die uns unverwandt anstarrten und bittend die Hände ausstreckten, um den Segen zu empfangen. Eine war in den Fünfzigern, die andere etwa dreißig. Leise wiederholten sie die Worte „Heiliger Berg", als würden sie zu sich selbst sprechen, und seufzten immer wieder. Sie stellten uns Fragen über das Leben auf dem Athos und baten um Ikonen, Kreuze und Bücher. „Wir haben nichts“, sprachen sie. Die jüngere gab mir ihre Adresse und einige Namen, die ich im Gebet erwähnen sollte. Auf der Adresse stand ihr Name – Ludmila. Ich fragte sie, ob eine Sendung aus Griechenland bei ihr ankommen würde. Sie erwiderte flehentlich: „Bitte schicken Sie mir etwas, bitte schikken Sie mir etwas!“

In diesem Augenblick traten noch zwei Personen in Zivil auf uns zu. Sie seien Priester, sagten sie uns. Dieser Ort, zu dem man uns gebracht hatte, und diese Art Priester zeigten uns, wer das Programm für unsere „Visite“ hier zusammengestellt oder zumindest Anteil daran gehabt hatte! Vier Priester und kein einziger Hirte unter ihnen! Aber ist das nur hier so? Überall finden sich heute solche Geistliche. Von zwölf war einer – Judas! Dieser Prozentsatz hat sich in unseren Tagen erhöht. „Das Unkraut aber wird bleiben bis zur Ernte“, sagte der Herr.

Die Neuankömmlinge trieben uns zum Aufbruch. Als wir uns von diesen zwei „Balsamträgerinnen“ (Mk 16,1–8 und Lk 23,55–56; 24,1) trennten, verband uns mit ihnen das Gefühl von Ergriffenheit und unausgesprochenen Wünschen. Sie blieben bei den Granitplatten. Wir stiegen hinunter zur Stadt.

Während wir im Hotel längere Zeit darauf warteten, wieder aufzubrechen, zeigten sich in der offenen Eingangstür erneut jene zwei fast überirdisch aussehenden, gleichzeitig aber auch verängstigten Gesichter vom „Ehrenfriedhof“. Ich ging auf sie zu. Ludmila kam mir entgegen, und wir trafen uns in dem kleinen Raum zwischen der doppelten Eingangstür. Sie bat mich, im russischen Athos-Kloster Vater Miron, einen Verwandten, zu grüßen, und übergab mir ein kleines Paket für ihn. In diesem Augenblick kam auch die ältere. Sie wollten hier, geschützt vor den Augen anderer, noch etwas fragen oder doch einfach in unserer Nähe sein, höchstwahrscheinlich zum einzigen Mal in ihrem Leben. Ludmilas Verhalten hinterließ einen tiefen Eindruck; sie zeigte ihren inneren Widerstand gegen alles, was sie umgab, stärker, als das bloße Worte hätten tun können, und brannte gleichzeitig in hingebender Liebe zu Christus.

Indes tauchte ein Zivilist von mächtigem Wuchs vor uns auf und fragte die beiden Frauen in frechem Ton, was sie hier zu suchen hätten. Ludmila fing an zu stottern und sagte, daß sie einen Verwandten auf dem Heiligen Berg habe. Als sie noch etwas hinzufügen wollte, brachte sie der wilde Ausdruck in den Augen dieses Mannes zum Schweigen. Ich schaute ihm ins Gesicht, und mir wurde eiskalt ums Herz. Er ging, aufgeblasen, wie er war, in das Hotel hinein, während mir Ludmila mit einem Schulterzucken und einer Bewegung ihrer Augen und ihres Kopfes zu verstehen gab: Sehen Sie, so ist unser Leben. Darauf gingen beide, nachdem sie den Segen bekommen hatten, leise weg. Ich begab mich zu meiner Gruppe. „Wir gehen", sagten sie. Als wir auf der Straße standen, war Ludmila wieder da. Sie steckte mir einen Zettel zu, mit neuen Namen und drei Rubel Opfergeld.

Die vier Pfarrer zeigten jetzt, am Ende unseres Besuchs, eine ganz besondere Zuvorkommenheit. Sie begleiteten uns zum Flughafen. Im „Wartesaal" servierte man uns Konfekt, das in Lemberg hergestellt wurde, und Eis. Als wir aufbrachen, verabschiedeten sie sich winkend von uns. Sie waren bis jetzt die einzigen Priester gewesen, die ihrer inneren und äußeren Haltung nach eher Zivilisten als Priester waren. Als wir in der 1. Klasse der „Aeroflot" Platz genommen hatten, war plötzlich buntes Treiben auf der Piste: Die anderen Reisenden bestiegen den hinteren Teil des Flugzeuges.

In Kiew und im Kiewer Höhlenkloster

In leise Gespräche vertieft, hatten wir nicht einmal bemerkt, daß wir in Kiew landeten. Es war Mittag. Aus geringer Höhe waren die Vorstädte und die Stadt selbst zu sehen. Kiew wurde durch die Wassermassen des Dnjepr geteilt und durch breite, lange Straßen, flankiert von riesigen, plumpen Wohnhäusern, gegliedert. Ihre Ausmaße waren überwältigend, doch fehlte jeder Geist. Hier war für den Menschen kein Platz, man sah nur seiner Hände Arbeit.

Als die Flugzeugmotoren abgestellt wurden und wir zur vorgesehenen Zeit auf die Landepiste traten, erwartete uns wieder – ein Priester ohne Bart. Durch nichts unterscheidet sich die Ukraine von Rußland: weder durch ihren Lebensrhythmus noch durch die Gestalt ihrer Städte und Dörfer, noch durch die Haltung ihres Volkes auf den Straßen und in der Kirche. Der einzige Unterschied, der in die Augen fällt, ist die westliche Prägung der ukrainischen Priesterschaft und der Kirchenarchitektur, die mit der Errichtung der Union in diesen Gebieten begonnen hatte.

Die Lawra – eine Verwundete aus dem 2. Weltkrieg

Wieder wurden wir in einem riesigen und bequemen Hotel für Ausländer untergebracht. Gleich nach dem Mittagessen und nach einer kürzeren Pause machten wir uns auf den Weg zum Höhlenkloster von Kiew.

Das Kloster war offenbar in dieser Stadt das einzige seit dem 2. Weltkrieg noch immer beschädigte Objekt. Gewiß deshalb, weil es das Mutterkloster des russischen Mönchstums ist. Trotzdem bringt es heute Heilung für alle Nöte des Lebens: Es heilt die kranken, erschöpften und hungrigen Seelen des russischen Volkes, das – neben den Ausländern – täglich hierher kommt.

Als wir die Anlage der Lawra betreten hatten, wußten wir nicht, wo wir zuerst hinschauen sollten. Die größeren und kleineren Kirchen, der Glockenturm und die verstreuten Wohngebäude – alles war teilweise oder ganz verfallen. Überall waren Baugerüste aufgestellt worden, als ob man Restaurationsarbeiten durchführen würde. Indessen waren weder Baumaterialien noch Arbeiter zu sehen. Alles wirkte düster und entsprach der allgemeinen Atmosphäre des äußeren russischen Lebens. Kaum hatten wir aber die erste Kirche und dann noch einige andere betreten, verwandelte sich dieser Eindruck in ein neues, ganz anderes Gefühl. Wiewohl in ihnen keine Gottesdienste abgehalten wurden, ging von diesen Kirchen eine Atmosphäre aus, die einer anderen Welt angehörte, einer Welt voll geheimnisvoller Heiterkeit und geistiger Wärme. Man hätte meinen können, daß die feierliche Liturgie unmittelbar vor unserer Ankunft zu Ende gegangen sei. Unser Führer Grigorij schien sich vor unseren Fragen ein wenig zu fürchten, er stand immer irgendwie abseits. Allerdings wurde er hier „abgelöst". Diese undankbare Aufgabe hatte nun ein neuer, für dieses „Kulturobjekt" zuständiger örtlicher Fremdenführer zu übernehmen. Er war einer von denjenigen, die die einheimischen und ausländischen Reisegruppen herumführten und ihnen alles erklärten, ein älterer Mann, einer von jenen Menschen, die einem auf den ersten Blick Vertrauen einflößen. Zuerst führte er uns in die Allerheiligenkirche.

Aus dem Verhalten unseres Führers in der Kirche und der Art seiner Erklärungen konnte man sehen, daß er ein religiöser Mensch war. Neben den historischen Angaben über das Kloster, von seiner Gründung im Jahr 1051 bis hin zu seiner Zerstörung im 2. Weltkrieg 1941, hob er mit besonderer Inbrunst vor allem die Angaben über seine Begründer hervor: die heiligen Antonij und Theodosij. Dann sprach er über die hochentwickelte Geistigkeit, die hier Jahrhunderte hindurch geherrscht hatte, über die Askese in der „unterirdischen Klausur", er sprach von der Lawra als der Quelle des russischen Mönchstums und von ihrer geistigen Ausstrahlung auf das russische Volk.

Er sprach am häufigsten über die „dritte Dimension" im Leben der Lawra. Zugleich wies er uns mit deutlich wahrnehmbarer Wehmut auch auf einige materielle Schäden in der Kirche hin. Diese waren nicht durch Bomben und Panzergranaten entstanden, sondern durch die verbrecherischen Hände gottloser Menschen. Er bezeichnete sie nicht näher, sondern sprach in diesem Zusammenhang immer nur von „schweren Zeiten". Um sicher zu sein, fragte ich ihn in einer Kirche, an deren Ikonostase mehrere Ikonen fehlten, ob es nicht Deutsche gewesen wären, die sie im Krieg mitgenommen hätten. Da berief er sich wieder auf die schweren Zeiten und antwortete sofort mit Nachdruck: „Nein, Deutsche waren es nicht!"

Dreiundsiebzig Heilige in den Katakomben – unversehrt erhalten wie in ihrer Todesstunde

Unser Führer Grigorij ging zu seinem Kollegen und sagte ihm, daß wir nicht viel Zeit zur Verfügung hätten. Deshalb führte uns dieser in die Katakomben, die größte „Attraktion" für Touristen. Es war offensichtlich, daß uns unser Führer auf das vorbereiten wollte, was uns unter der Erde erwartete, doch blieb Grigorij die ganze Zeit über in seiner Nähe. Bruder Paul, geboren in Griechenland, russischer Architekt, begleitete uns, so wie auf der ganzen Reise, auch hier als Dolmetscher.

Während wir einen sachten Abhang hinuntergingen, stieg im Zusammenhang mit diesen Katakomben die Erinnerung an das Buch „Über die Konzentration" von Muni Sadu in mir auf, einem Theosophen, der in jungen Jahren alle Phasen des Okkultismus durchgemacht hatte und auf der Suche nach den „Phänomenen" der Mystik auch zu dieser russischen mittelalterlichen Lawra gekommen war. (Das war vor der Revolution.) Als er dort Dutzende von Mönchen in den Katakomben erblickte, die seit Hunderten von Jahren auf ihren Binsenmatten lagen, als seien sie erst gestern eingeschlafen, fragte er seinen damaligen „Führer": „Was haben diese Menschen in ihrem Leben gemacht, daß sich ihre Leiber vollständig erhalten haben?" Die Antwort, die er bekam, war einfach: „Sie haben unaufhörlich: ‚Herr Jesus Christus, Sohn Gottes, erbarme Dich meiner, des Sünders', gesprochen." Muni Sadu verstand das als Antwort auf seine Lebensfrage: wie man die Konzentration des Geistes erreichen kann, denn ohne sie läßt sich im praktischen Leben weder Großes tun noch Erfolgreiches vollbringen, noch eine entscheidende geistige Entwicklung vollziehen. Zu der Zeit, als ich das Buch las, war der Autor schon in reiferen Jahren, lebte, wie ich hörte, an der Küste Australiens und tat das, womit die „unterirdischen Klausner“ ihr ganzes Leben verbracht hatten. Zu ihnen gingen wir nun, um uns vor ihnen zu verneigen.

Bruder Paul hatte an Kerzen gedacht und sie von irgendwoher mitgebracht. Er bat den diensthabenden Aufseher (vielleicht hatte er ihm auch einige Rubel gegeben), das elektrische Licht in den Katakomben nicht aufzudrehen. Vorher hatten wir erfahren, daß sich in diesen Katakomben dreiundsiebzig heilige Mönche mit unversehrten Leibern befänden. Aber wer sind sie gewesen und woher sind sie gekommen, wird sich der Uneingeweihte fragen.

Groß und erschütternd ist die Geschichte der christlichen Mystik. Die Askese ist die Grundlage, aus der sie lebt. Ihre Geschichte beginnt im alten Ägypten und in Palästina, geht über den Heiligen Berg und die russischen „grünen Wüsten“ bis hin zu diesen unterirdischen Höhlen. Wenn der Mönch seine niederen asketischen Übungen in der Klostergemeinschaft beginnt, erforscht er seine Schwächen und demütigt sich vor den anderen. War seine Liebe zu Gott und den Menschen so groß geworden, daß er in sich die Kraft für eine noch größere Askese gefunden hatte, bat er seinen geistlichen Vater um den Segen und machte sich auf zu noch größeren Opfern und einer noch besseren Vervollkommnung, gemäß den Worten Christi: „Ihr sollt also vollkommen sein, wie es auch euer himmlischer Vater ist“ (Mt 5,43–48). Zu dieser Vollkommenheit wurden die Mönche angetrieben, die im Höhlenkloster von Kiew eine besondere Art der Askese suchten, nämlich ein Leben unter der Erde, wo das Auge nichts sah, das Ohr nichts hörte und sich jeder Geruch verlor. Die letzten zwei Sinne, der Tast-

und Geschmackssinn, wurden durch die kalte Erde und immer gleiche Nahrung – Brot und Wasser – zerstört. So blieb ihre Seele vollkommen frei, um das „Reich“ zu schaffen, von dem der allwissende Gottmensch Christus gesagt hat, daß es in unserem Inneren sei.

Nachdem er also den Segen seines geistlichen Vaters bekommen hatte, kam der Mönch aus der Lawra hierher, unter den Hügel, und begann zu graben. Er grub eine Höhle, die lang genug war, um ihn von der äußeren Wirklichkeit zu trennen. Dann grub er seitlich einen winzigen Raum, der gerade groß genug für ihn war, mauerte seine offene Seite zu und ließ nur eine kleine Öffnung für Luft und Nahrung. So tat es ein zweiter, ein dritter, einer nach dem anderen, Jahrhunderte hindurch, bis diese Katakomben die heutige Länge von 228 Metern und eine Tiefe zwischen 16 und 20 Metern unter der Erdoberfläche erreicht hatten. Das Kloster bestimmte immer einen Mönch, dem es oblag, den Klausnern Brot und Wasser zu bringen und sie vor jene Öffnung zu stellen. Nahm jemand von ihnen eine Woche nicht von dem, was man ihm gebracht hatte, war das ein Zeichen dafür, daß er in die Ewigkeit eingegangen war. Die Öffnung wurde verschlossen und die Behausung verwandelte sich so in ein Grab.

Unser gutherziger Führer begleitete uns hierher, obwohl er nicht gebraucht wurde, da hier kein Platz für irgendwelche Erklärungen war; hier war alles klar. Sie hätten uns eher gehindert, unser Gespräch mit diesen unterirdischen Bewohnern zu führen, und auch unseren eigenen Monolog gestört. Aber die wenigen Worte, die er sprach, waren doch nicht überflüssig. Ein Mann aus dem Volk bezeugte die Glaubwürdigkeit des Lebens dieser unsterblich Gewordenen unter der Erde. Er sagte, daß das Mönche waren, die sich einst von den Eitelkeiten der Welt zurückgezogen und ein solches Leben geführt hätten, daß die Gnade Gottes sie deshalb unverweslich gemacht habe. Jetzt kämen die Menschen Tag für Tag hierher zu ihnen, um sie zu verehren, brächten ihnen ihre Gebete entgegen und empfingen Heilung. Ja, dachte ich weiter, jetzt erteilt die Welt ihnen Anerkennung für die damalige „Verrücktheit", sich lebendig zu begraben, und das Grab, vor dem sich sonst alle Lebenden fürchten, als Wohnung zu nehmen. Sie, die man einst der „Flucht vor der Welt und dem Leben", des „Egoismus" und der „Misanthrophie" bezichtigt hatte, sind heute allen so nah und notwendig. Sie können uns dort helfen, wohin unsere Kräfte nicht reichen, denn sie hatten sich schon hier, auf diesem kurzen Lebensweg, mit der Quelle der alles vermögenden Kraft vereinigt, die jetzt über sie auf uns übergeht.

Ich ging am Ende unserer kleinen Kolonne und dachte über den Eindruck nach, den der Blick auf die erste Wand beim Eingang der Katakomben, die noch Tageslicht bekam, hinterlassen hatte. Auf ihr war ein Fresko mit der Darstellung des Jüngsten Gerichts und den zwanzig „Mitarstva" (die Stationen, auf denen man sich nach dem Tod für begangene, doch nicht abgebüßte Sünden zu verantworten hat), wie die hl. Theodora in einer Vision sie geschaut und der hl. Wassilij der Neue sie beschrieben haben.

Der Führer lenkte unsere Aufmerksamkeit auf dieses Fresko, und jemand bemerkte, daß diese Darstellung dazu gedient hatte – und auch heute noch dazu diene –, den Gläubigen den nötigen Ernst zu vermitteln, ihnen Gelegenheit zu geben, sich zu sammeln und auf die Begegnung mit den heiligen Klausnern vorzubereiten, die jene Mitarstva durch ihr asketisches Leben überwunden hatten, indem sie schon hier auf Erden in der Ewigkeit lebten.

Mir war durch eine unvorsichtige Handbewegung die Kerze ausgegangen, und ich bat einen der Mitbrüder, sie an seiner anzünden zu dürfen. Es war Vater Athanasios, dessen Gesicht in dem sanften Kerzenlicht noch verklärter aussah. Ich mußte an unsere unterschiedlichen Altersstufen und an unsere Entscheidung für das mönchische Leben denken. Er hatte gleich nach Abschluß des Universitätsstudiums die Kutte angezogen. Das Erlebnis, das uns bevorstand, würde er viel tiefer empfinden und daraus neue Impulse für seine Mönchsideale schöpfen können.

Endlich standen wir vor den geöffneten Särgen mit den unverwesten Körpern, die sich vor den einstigen Einzelzellen befanden. An der Wand neben ihnen waren Ikonen, die ihre asketischen Gesichter zeigten. Über ihre Köpfe hatte man die Mönchs-Schima gebreitet, ein Gewand aus einer Kapuze und breiten, über Brust und Rücken herabfallenden Stoffstreifen mit eingestickten Symbolen, das von Mönchen, die das große Gelübde abgelegt haben, getragen wird. Neugierige Menschenaugen sollten ihre Gesichter nicht beleidigen. Ihre gefalteten Hände, die auf der Brust ruhten, küßten wir in Verehrung. Statt des Modergeruchs, der allen unterirdischen Räumen eigen ist, herrschte hier nur Wohlgeruch.

Man sagt, daß unter ihnen auch der Gründer der Lawra, der hl. Antonij, ruhe. Laut Überlieferung hatte er seinen Mönchen das Gelöbnis abverlangt, sein Grab nicht näher zu bezeichnen. Hier soll sich auch sein Schüler, der Chronist der Lawra – erster russischer Verfasser von Heiligenleben –, der Mönch Nestor, befinden. Der Führer erwähnte auch den Großfürsten Swjatoslaw von Tschernigow, der sich hier als Vater Nikolaj dem Mönchsleben gewidmet hat und dessen Leben auf ergreifende Weise im Paterikon der Lawra, einem erbaulichen Buch mit Erzählungen aus dem Mönchsleben, beschrieben ist. Auch der hl. Moisej Ugrin liegt hier, an den man sich im Kampf gegen die leiblichen Leidenschaften im Gebet wendet. Sein Feiertag ist der 26. Juli. Auf den Ikonen waren Namen verzeichnet, die wir mit Kerzen beleuchteten und lasen: der selige Lawrentij der Klausner, Pafnutij der Klausner, Atanasij, Dionisij, Anatolij, Amon, Mardarij, Pior, Martirij, Ruf, Kasian.

Unsere Kerzen waren fast abgebrannt, als wir bei den letzten Bewohnern dieser geheiligten Unterwelt angelangt waren. Ermüdung hatte meine Seele ergriffen, und ich wußte, warum. Alle ihre Kräfte, Verstand, Herz und Wille, wurden durch dieses Erlebnis bis zum äußersten gefordert. In der Dunkelheit der Katakomben standen wir dem Spiegel des ewigen Lebens gegenüber. Hier war alles Leiblich-Seelische geopfert worden, um den menschlichen Geist von der Bindung ans Irdische zu befreien. Es galt, diese himmelsgleiche Unterwelt – ihrer einstigen Bestimmung und ihrer heutigen Botschaft nach, die wir jetzt beim Hindurchgehen erlebt hatten, mit dem geistigen Klima des Athos und unserem heutigen Leben dort zu verbinden. Deshalb rief das Verlassen der Katakomben einerseits Wehmut hervor, brachte uns aber auf der anderen Seite Stärkung durch das Eintauchen in ihre Geheimnisse.

Aber wir befanden uns in einem Land, in dem der uneingeweihte Ausländer ununterbrochen extremen Überraschungen ausgesetzt ist. Alles hier war entweder besonders schön oder auffallend häßlich, entzükkend oder bestürzend. Nur die weite, gottgeschaffene Natur, die uns umgab, und die Kirchen- und Kulturdenkmäler aus der vorrevolutionären Zeit waren farbig und vermittelten eine inspirierende Botschaft, während das gesamte Alltagsleben überwiegend durch schwarz-weiß gekennzeichnet war.

Kaum hatten wir die Katakomben verlassen und waren im Tageslicht und an der freien Luft, begann uns ein Lautsprecher darüber zu informieren, wo wir gerade gewesen und was wir dort gesehen hatten! Daß hier nämlich einst mittelalterliche Fanatiker gelebt hätten und daß sie gestorben seien wie alle anderen auch. Allein, der Wissenschaft sei klar, daß sie nicht verfault seien, da die Temperaturen in der Tiefe, wo sie sich befänden, die Entwicklung von Mikroorganismen nicht erlaube und deshalb der organische Verfall durch Bakterien nicht möglich sei.

Unser Reisegefährte Paul übersetzte diese „Sendung“ für uns. Ihr Zweck war klar. Vater Athanasios war durch die grobe Profanisierung dieses heiligen Ortes besonders beunruhigt: „Damit beleidigt man die Gedanken und Empfindungen jedes Pilgers, denn es liegt in der angestammten, natürlichen Freiheit eines jeden, seine eigenen Schlüsse aus dem zu ziehen, was er gesehen und erlebt hat.“ Eine Frau beobachtete von ihrem Arbeitsplatz aus unsere Erregung und unseren Unmut. Ihr Blick, der unruhig auf uns gerichtet war, gab zu erkennen, wer auf den Knopf des Propagandalautsprechers gedrückt hatte.

Wir machten uns auf den Weg zurück zur Lawra; jeder hing seinen eigenen Gedanken nach. Da unser örtlicher Führer anfänglich von mehreren Katakomben gesprochen hatte und wir nur eine gesehen hatten, erwarteten wir, auch in die anderen geführt zu werden. Deshalb fragten wir nach, aber wir bemerkten, daß Grigorij erneut das Programm abkürzte. Trotzdem deutete er auf zwei entfernter gelegene Gebäude und erklärte, daß dort die anderen Katakomben seien, die „Untere Katakomben“ genannt werden. Dort ruhen die unverwesten Leiber weiterer dreiundvierzig Mönche, nur liegen diese nicht so tief, betonte er. Es schien, daß sie diese Katakomben aus bestimmten

Gründen nicht zeigen wollen. Denn als wir wieder im Hotel waren, sahen wir, daß uns genügend Zeit dafür geblieben wäre.

Bei der Rückfahrt saß ich allein auf dem hinteren Sitz der „Tschaika". Mit geschlossenen Augen versuchte ich, noch einmal durch jene wundersamen Katakomben zu gehen. Ich fragte mich: Hatten nicht der Glaube und die Reue, die sie vor so vielen Jahrhunderten geschaffen hatten, denselben Charakter wie der heutige Glaube und die heutige Reue im russischen Volk? Dieses Volk lebt als ganzes in den Katakomben unserer Zeit. Sie sind länger und tiefer als die, die wir heute kennengelernt haben. Diese neuen Katakomben sind in die finsteren Ablagerungen einer Ideologie hineingeschnitten, die dunkler ist als die unterirdische Finsternis, in Ablagerungen, die härter und kälter sind als die härtesten Gesteine und Metalle der toten Natur. Die kämpferisch gegen Gott gerichtete und deshalb inhumane Ideologie hat, „im Namen des Volkes", die größten geistigen Werte dieses Volkes für finster und reaktionär erklärt, während sie die materiellen Früchte seiner früheren Geistigkeit zu „Kulturdenkmälern" deklarierte. Mit ihnen schafft sich die Regierung durch den Tourismus finanzielle Mittel, die dieses Wirtschaftssystem aus sich selbst heraus nicht in der Lage ist, sicherzustellen. Gleichzeitig unternimmt sie durch die Macht ihrer Organe und mit allen moralisch und rechtlich nicht erlaubten Mitteln alles, um im russischen Volk den religiös-schöpferischen Geist und sein geistliches Streben an der Entfaltung zu hindern und auszulöschen.

Zwei Frauenklöster in Kiew

Wieder brach ein schöner Tag an. Wir sollten heute zwei Frauenklöster und die älteste Kirche von Kiew besuchen und dann am Abend zum Gottesdienst gehen, da der morgige Feiertag nach dem Kirchenkalender dem hl. Wladimir geweiht war.

Das Kloster des hl. Mantels der Muttergottes liegt mitten in der Stadt. Unterhalb eines hohen Abhangs und von dichtem Wald umwachsen, wirkt es völlig herausgehoben aus der städtischen Unruhe. Als wir im Kloster erschienen, war der Gottesdienst gerade zu Ende gegangen; man konnte da und dort Nonnen sehen, die ihrem Dienst nachgingen. Wir wurden von der Sekretärin der Äbtissin empfangen und von ihr in die Hauptkirche geführt. Mit ihrer reumütigen Haltung und ihrem vergeistigten Gesicht stand sie wartend ein wenig abseits, bis wir die Ikonen verehrt hatten. Mit innerer Anteilnahme und Konzentration beschrieb sie uns die Geschichte und Architektur des Klosters. Eine geeignetere Person ließ sich für diese Aufgabe kaum vorstellen. Nach der Führung brachte sie uns ins benachbarte Gebäude zur Äbtissin. Vor uns erschien eine alte Frau, hochgewachsen, aufrecht, mit einem zarten, weißen Gesicht und strahlend blauen Augen. Sie schien allem Menschlichen entrückt zu sein. Ihr helles Gesicht und ihre warmen Augen waren alles, was wir an ihr als physische Wirklichkeit empfinden konnten. Sie redete wenig, während wir Tee und selbstgemachten Kuchen aßen, doch sprach ihre Anwesenheit allein eine beredte Sprache. Dann stand sie auf und führte uns zum Grab der Gründerin dieses Klosters, das ein echtes Kunstwerk aus dem späten russischen Barock war. Nur zwei Worte standen auf ihrem Grabkreuz: Nonne Alexandra. Bevor sie Nonne wurde, lebte sie als Großfürstin. Im Jahr

1881 war sie an Bord eines Kriegsschiffes, das den Hafen des russischen Athos-Klosters Panteleimon angelaufen hatte. Die Väter dieses Klosters hielten damals eine Liturgie auf dem Schiff ab. Von der Atmosphäre des Athos inspiriert und von der Begeisterung für die mönchische Lebensweise getragen, befreite sie sich nach der Rückkehr in ihre Heimat von allem Besitz, gab einen Teil den Armen, erbaute vom Rest ihres Vermögens dieses Kloster und lebte dort bis zu ihrem Ende. Wir standen um das Grab, das ihrem Wunsch gemäß nur durch ein Grabkreuz gekennzeichnet war, und sangen eine kurze Totenandacht.

Als wir mit der Äbtissin Agnesa zum Ausgang gingen, gab sie uns mit Hilfe Vater Awels einige Auskünfte: Im Kloster befinden sich hundertachtzehn Nonnen, darunter vierzig Novizinnen. Das Kloster lebt vom Volk, das heißt von Spenden für Kerzen, Totenmessen und dem Gedenken an Lebende und Tote bei der Proskomidie (Vorbereitung der heiligen Gaben für die Eucharistie). Das Volk hilft dem Kloster aber auch durch freiwillige Arbeit. Wir sahen im Hof viele Pilger, die kleinere Arbeiten ausführten. Wenn sie sich bewegten, hörte man sie kaum, so andächtig waren sie bei der Arbeit. Wie anderswo, konnte man auch hier klar erkennen, daß das Kloster eine richtige Heimat für das Volk darstellt, der die Gläubigen von Herzen auf alle mögliche Weise dienen, um ihre Existenz zu erhalten. Eine Gruppe von Pilgern, die nach uns angekommen war, befand sich nun in der großen Kirche. Von dort hörte man den Bittgottesdienst zur Muttergottes, der gerade gehalten wurde. Aus einem der Wohnhäuser vernahmen wir viele Stimmen, die Kirchengesänge übten. An den Häusern und entlang des breiten Weges, der zum Ausgang führt, hatte man zahlreiche Blumen gepflanzt, die üppig wuchsen und von kundiger Hand gepflegt wurden. Die Bauten waren gut erhalten; überall war es sauber, und alles zusammen wirkte sehr harmonisch – eine paradiesische Siedlung!

An der Klosterpforte verabschiedeten wir uns von der Äbtissin Agnesa, deren heiligengleiches Antlitz alles überstrahlte, was wir in diesem wunderbaren Kloster gesehen hatten. Sie schenkte uns Rosenkränze, die von ihren Nonnen für das Volk geflochten werden. Den Gläubigen wird von den Nonnen auch gezeigt, wie man täglich damit betet und mit diesen Gebeten die Seele durchleuchtet.

Unser Weg führte weiter in das Kloster der heiligen Märtyrer Lawr und Flor. Auch dieses Kloster befand sich in der Stadt, und wieder wirkte es wie herausgehoben aus seiner Umgebung. Rußland ist reich an Wald, doch haben die Klöster diese besondere Eigenheit der Natur zum Zwecke ihrer Isolation von der Welt („grüne Wüste") zu nutzen gewußt.

Hier wurden wir von der Äbtissin und etwa zwanzig Nonnen an der Pforte empfangen. Abwechselnd sangen sie die Troparien, das sind kurze Lieder zu unserer Athos-Äbtissin, der Muttergottes, und zu den Schutzheiligen ihres Klosters. Dieser harmonische und sehnsüchtige Gesang begleitete uns auf dem ganzen Weg zur Kirche und als wir dort die Ikonen verehrten. Der Besuch war nur kurz.

Die selbstbewußte und gläubige junge Russin

Wir verließen das Kloster und setzten unseren Weg fort. Er führte uns in eine Kirche aus dem 12. Jahrhundert, die der hl. Sophia geweiht war. Viele Einheimische standen rund um die Kirche. Dieses alte Bauwerk sprach lauter und klarer von den bleibenden Werten des Lebens als die politisch-ideologische Sprache der Gegenwart.

Hier nahm uns eine Fremdenführerin in Empfang, die vielleicht dreißig Jahre alt war. Sie zog unsere ganze Aufmerksamkeit auf sich, da sie die Geschichte des Volkes, der Kirche und der Kunst gut kannte und ohne jede routinierte Freundlichkeit, sondern mit großer Innigkeit vortrug. Sie zeigte uns auch einige Räume in der Kirche, die für andere Besucher nicht zugänglich waren. Meiner Einschätzung nach war ihre Aufmerksamkeit uns gegenüber der Ausdruck ihres inneren Lebens, das einer häuslichen Erziehung entsprossen war, die ihre Wurzeln in der alten russischen Frömmigkeit hatte. Und diese uralte Andachtsstätte, in der sie ihre Arbeitszeit verbrachte, trug sicher auch zur Veredelung ihrer aufnahmebereiten jungen Seele bei. Ihre Augen und ihr Herz nahmen täglich die edlen Züge der auf den Fresken dargestellten Gesichter in sich auf, und die demütigen Blicke der Heiligen lenkten sie zu jenen Werten, die größer waren als die bloß irdischen und weltlichen. Deshalb verweilte sie besonders lange bei den Erklärungen zu den Freskomalereien, da sie wußte, sie waren für uns nicht nur Kunstwerke, sondern in erster Linie der Ausdruck und Abglanz eines von Gott her begriffenen Lebens, verkörpert in seinen besten Beispielen – den unzähligen Heiligen.

Etwas rührte mich besonders: die Fremdenführerin bot unserer Gruppe an, durch die geöffnete Königspforte den Altarraum zu betreten. Meine Athos-Väter zögerten, da sie damit rechneten, daß die anderen Anwesenden aus Unwissenheit mit hinein gehen würden, was nach der Kirchenvorschrift nur Geistlichen gestattet ist. Sie bemerkte diese Unsicherheit und sagte: „Gehen Sie nur hinein und machen Sie sich keine Sorgen, keiner von den anderen wird mitgehen." Und tatsächlich, niemand machte auch nur den Versuch, mitzugehen. Ich blieb draußen vor der Königspforte im Anblick des wunderbaren Freskos versunken, das den ganzen oberen Teil der Apsis bedeckte – die „Gottesmutter über den Himmeln". Die Fremdenführerin bemerkte den Photoapparat bei mir und regte mich an, eine Aufnahme von der Apsis zu machen. Ich sagte ihr, wie dankbar wir ihr für die schönen Erklärungen seien. Sie lächelte und schlug die Augen nieder. Ich fragte sie nach den Restaurierungsarbeiten, die hier im Gange waren. „Ja, hier wird schon seit Jahren gearbeitet, und es wird noch lange dauern." Ich erzählte ihr, daß wir gestern im Kiewer Höhlenkloster auch schon Baugerüste gesehen hätten. „Die Baugerüste sind schon zehn Jahre da, aber gearbeitet wird nicht", sagte sie und fuhr fort: „Früher waren dort Mönche. Es gibt gut erhaltene Wohnhäuser und einige kleine Kirchen, in denen man Gottesdienst abhalten könnte. Aber unser Staat duldet keine Mönche."

Was für eine geistige Nüchternheit, die unter den jungen Russen um sich greift! – dachte ich, schaute sie an und fragte nach ihrem Namen, da ich ihn auf dem Heiligen Berg im Gebet erwähnen wollte. Sie war sichtlich gerührt und nannte mit dem Ausdruck tiefer Dankbarkeit ihren Namen.

Die anderen Väter waren inzwischen aus dem Altarraum herausgetreten, und wir begaben uns zum Ausgang der Kirche. Die Menschen neigten zum Zeichen des Abschieds die Köpfe. Sie verließen nach uns die Kirche und füllten mit den Neuankömmlingen den Kirchhof, während wir hinaustraten und auf die ausgedehnte Stadt und das Tal des Dnjepr blickten.

Das Geschäft, in dem es alles zu kaufen gibt

Als wir wieder im Hotel waren, blieb uns bis zum Mittagessen noch mehr als eine Stunde Zeit, und drei meiner Reisegefährten meldeten sich, um mit mir zu einigen nahegelegenen Geschäften zu gehen. Auch diesmal kamen wir mit leeren Händen zurück. Den Personen aber, die bei uns „Dienst" taten, war das nicht recht. Sie teilten uns mit, daß wir nach dem Mittagessen und einer Ruhepause in ein „Kaufhaus" geführt werden würden, in dem wir alles bekommen könnten, was wir wollten. Zur verabredeten Zeit warteten wir in der Halle. Wir merkten, daß wir schon spät dran waren, da die Stunde näherrückte, wo wir zur Vigil in die Kathedrale des hl. Wladimir aufbrechen sollten. Ich ging in dem großen Raum auf und ab und sah Grigorij mit jemandem sprechen. Sein Gesprächspartner kam mir bekannt vor. Grigorij stellte mich ihm als Serbe vom Athos vor. Der Herr lächelte mich an und stellte mir mehrere Fragen, die sich unter anderem auch auf meine Abstammung bezogen, während ich eilig mein Gedächtnis durchforschte, wer das sein könne. Sein flackernder Blick, sein Lächeln und seine Art zu reden wirkten gekünstelt. Sein Gesicht und sein ganzes Verhalten ließen Assoziationen zu einigen früheren Begegnungen in mir aufsteigen. Als mir Grigorij sagte, der „Genosse" sei Vorsitzender der staatlichen Behörde für Glaubensangelegenheiten in der Ukraine, wußte ich sofort die Erklärung für unsere „Bekanntschaft". Vor mehreren Jahren hatte ich in meinem Kloster Chilandar einen ebensolchen Menschen gesehen und danach einen in Sofia. Und auch diese beiden waren, genau wie er, Vorsitzende der jeweiligen staatlichen Behörde für Glaubensangelegenheiten in ihren Ländern! Seit ich von diesen Einrichtungen weiß, habe ich mich gewundert, wie ungläubige Menschen an der Spitze solcher Kommissionen stehen können, während mir jetzt plötzlich klar wurde, daß diese Einrichtung einen ganz bestimmten Typus von Menschen zu schaffen vermochte, der so eigentümlich in seiner charakterlichen Uniformität war, daß drei Männer aus drei verschiedenen Nationen einander ähnlicher waren als Zwillinge, die an der gleichen Brust genährt worden waren.

Die anderen aus unserer Gruppe gingen zu Grigorij, um zu erfahren, was es mit der Verspätung auf sich habe. Angeblich wartete man auf die Taxis. Trotz allem waren wir bald unterwegs und hielten vor einem großen Gebäude. Ein hochgewachsener Mann erschien und hieß uns freundlich willkommen. Erst reichte er dem Genossen aus dem Amt für kirchliche Fragen, der offenbar ein enger Freund von ihm war, die Hand und danach uns. Dann führte er uns zu einem Nebeneingang an der Rückseite des Gebäudes. Wir gingen einen Gang entlang, betraten den Lift und fanden uns schließlich im fünften Stock in seinem Büro wieder. Auf einem langen Tisch standen Erfrischungsgetränke und Gläser, und entlang der Wände, auf Bänken, Stühlen und in Schränken, waren verschiedene Waren, größtenteils Armband- und Taschenuhren, aufgebaut. Man konnte sehen, daß dieses „Schaufenster“ kurz vor unserer Ankunft improvisiert worden war. Wir setzten uns. Der Gastgeber begrüßte uns und sagte, er wolle uns etwas von der Gastfreundschaft zurückgeben, die er angeblich in Griechenland erfahren habe. Er betonte, wir seien alle Brüder, und sagte, daß sich kürzlich in eben diesem Raum der Erzbischof von Athen mit seiner Begleitung aufgehalten habe. Dann wies er uns auf die Warenmuster hin, die seiner Meinung nach unseren Bedürfnissen entsprechen, und sagte, wenn wir uns etwas ausgesucht hätten, würde er es sofort hierherbringen lassen. Wir schauten uns die „Auswahl" an. Es gab fast nichts von dem, was uns als würdiges Souvenir für unsere Mitbrüder im Kloster oder für Freunde des Klosters aus dem äußeren Kreis von Mitarbeitern geeignet erschienen wäre. Wir schauten uns hilflos an. Es ging nicht an, überhaupt nichts zu kaufen. Auf der anderen Seite wäre das aber die beste Antwort auf das Spiel gewesen, das man mit uns trieb. Jeder sollte selbst bestimmen, wie er sich zu verhalten hatte. Kommentare wurden laut, die von Grigorij sicherlich übersetzt wurden. Jeder wollte etwas haben, das es nicht gab, und Grigorij warf ein, wir sollten doch keine „Extrawünsche" äußern. Darauf sagte Vater Kalinik: „Wenn die Waren in diesem ‚Kaufhaus' so zahlreich sind, daß sie in den Ecken dieses Zimmers nicht untergebracht werden können, warum werden wir dann nicht hineingelassen?" Und Grigorij antwortete: „Dafür haben wir keine Zeit, Sie würden den ganzen Tag dafür brauchen!" Wir schauten uns daraufhin ruhig an, ließen uns unsere Zufriedenheit anmerken, nichts gefunden zu haben, was dem „rechten Maß" des Athos entsprach, und baten ihn dann, das dem Hausherrn zu erklären und ihn zu bitten, nicht böse zu sein.

Der Vorsitzende der staatlichen Behörde für Glaubensfragen war zu dieser Zeit nicht mehr anwesend. Er war schon vor einiger Zeit in einen Nebenraum gegangen und nicht mehr erschienen. Er hatte seine Aufgabe erfüllt! Wie anders ist doch diese Welt im Vergleich zu der Welt, welche die Kirchen und Klöster umgibt! Wo es keinen Gott gibt, gibt es auch keinen wahren Menschen!

Der Leiter des „Kaufhauses" blieb auch trotz der Tatsache freundlich, daß die beiderseitigen „Geschäfte" schlecht gelaufen waren. Uns eilte es, und ihm nicht minder. So verließen wir das Geschäft auf demselben Weg, wie wir gekommen waren, ohne Waren, Kunden oder Personal gesehen zu haben. Trotzdem hatte die andere Seite das erreicht, was ihr am wichtigsten war: *Wir* waren nicht gesehen worden! Daß es das Ziel und das Streben der Behörden war und im Zusammenhang damit auch die Rolle der staatlichen Behörde für Glaubensangelegenheiten, die Anwesenheit der Kirche im öffentlichen Leben und an öffentlichen Orten zu neutralisieren und damit den Eindruck zu erwecken, es gebe sie nicht mehr, ließ sich überall erkennen. Dadurch wurde mir auch die Tatsache klar, daß nämlich die russischen Bischöfe die einzigen waren, die das Recht hatten, ihr Bischofsgewand in der Öffentlichkeit zu tragen. Als ich bei einer Gelegenheit im Dienstwagen eines Bischofs mitfuhr, sagte er nebenbei, daß die Scheiben nur von innen durchsichtig seien, nicht aber von außen. Ich hatte damals nicht verstanden, um was es ging, und hatte in diesem Fall nicht gefragt, wie das möglich sei und warum das so war. Erst jetzt wurde es mir durch die Art, wie man unseren Einkauf inszenierte, klar.

Da ich neben dem Fahrer saß, fragte ich ihn beiläufig, wie lang seine tägliche Arbeitszeit sei. Er sagte, sie betrage acht Stunden. Und der Lohn? Worauf er ohne Zögern antwortete: „50 Rubel in zwei Wochen." Ich konnte das schlechthin nicht glauben und fragte ihn noch einmal, wieviel er monatlich bekomme. „Hundert Rubel", sagte er knapp. Ob das denn fürs Leben ausreiche? Er lächelte, zuckte mit den Schultern und deutete dann auf das Photo seiner zwei Kinder, das unter dem Lenkrad hing. Erstaunt darüber, wie wenig das sei, fragte ich ihn, wieviel ein Paar Schuhe koste. „Bei Kinderschuhen und Schuhen für Erwachsene liegen die Preise zwischen 15 und 30 Rubel", und er fügte dann hinzu: „wenn wir von der einheimischen Produktion sprechen, die nie reicht. Die importierten Schuhe sind teurer." Dieser Mann kann also, dachte ich, nicht einmal bei größten Familienfesten auch nur annähernd seinen Kindern das vorsetzen, was hier den Ausländern in den Hotels täglich geboten wird. Wieviel Heuchelei, Ungerechtigkeit und Herzlosigkeit waltet doch unter denjenigen, die dieses große und reiche Land regieren!

„Heiliger Vater Wladimir, bete für uns zu Gott"

Mittlerweile hatten wir die Kirche des hl. Wladimir erreicht. Ihre Ausmaße waren enorm. Vom Eingang bis vorne zum Altar standen die Gläubigen dicht an dicht. Die Vigil hatte schon begonnen. Im Altarraum begrüßten wir den Metropoliten Filaret, fünf Bischöfe und viele Priester.

Mit dem diskreten Ausdruck der Verwunderung schauten wir uns um. Wir waren nun bald am Ende unseres Rußlandbesuches, und trotzdem rief die Größe und Schönheit der Kirchen immer noch Staunen hervor. Allein der Altarraum hatte hier die Größe einer mittleren Kirche. Auch die Größe des Altartisches war entsprechend. Die Apsis hatte einen vorspringenden Sockel, der, mit einem Stoff belegt, zum Sitzen diente. An diesem Abend war das Halbrund der Apsis bis zum letzten Platz mit Liturgen besetzt. Ihre feierlichen Gewänder und ihre strahlenden Gesichter bildeten eine harmonische Einheit mit den Malereien über ihren Köpfen. Sie standen auf, wenn das der Gang des Gottesdienstes verlangte, und setzten sich wieder, um sich stiller Meditation hinzugeben. Andere Bewegungen und Gespräche während des Gottesdienstes gab es bei den Russen nicht. Der Altar war der heiligste Platz in der Kirche. In ihm und im Herzen jedes wahrhaft gläubigen Menschen wohnte der Herr, und diese heiligste Gegenwart mußte mit Würde erlebt und bedingungslos verehrt werden.

Das Bild, das sich uns im Kirchenschiff bot, glich dem in den anderen Kirchen, die wir während unseres Rußlandbesuches gesehen hatten. Und doch war heute in dieser Kirche ein besonderes Bewußtsein spürbar, das diese Menschen erfüllte. Dieses Bewußtsein drückte sich in einem religiösen und nationalen Gefühl und in der warmen und lichterfüllten Atmosphäre aus, die von ihm ausging. Der Schutzheilige der Kirche, der hl. Wladimir, dessen Feiertag gefeiert wurde und für den während dieser Vigil herzergreifende Kirchenlieder gesungen wurden, war Großfürst und Heiliger, regierender und geistlicher Führer seines Volkes gewesen. In den wunderbaren Malereien der Kirche waren beide Rollen, die er im Leben der Russen innehatte, dargestellt. Das Volk wußte also – wenn auch heute seiner Geschichte beraubt –, wer es vor tausend Jahren aus dem Heidentum in die Sphäre der zivilisierten Welt geführt hat; es wußte, wer es durch die Taufe mit dem Zweig Christi veredelt und es auf den Weg gewiesen hat, der über das Evangelium zu den höchsten Werten im menschlichen Leben führt. Dieses Volk wußte, daß es aus einem Wildling in ein edles Gewächs verwandelt worden war und im Laufe der Jahrhunderte der christlichen Kultur seine ureigensten Früchte geschenkt hat. Deshalb sucht es heute, seit dem geistigen Genozid, der seit 1917 an ihm geübt wird, mit ganzer Seele seine verlorene Identität; sucht sie dort, wo sie einzig zu finden ist – in seiner Kirche.

Im Altarraum gab es nicht genug Platz für diejenigen, die nicht mitzelebrierten. Das bot mir wieder die Gelegenheit, auf der Solea zu stehen, von der aus man die Gesichter der Gläubigen betrachten und ihre Andacht mitempfinden konnte. Zu beiden Seiten der Solea waren Stühle aufgestellt, welche für die älteren kirchlichen Würdenträger bestimmt waren. Ich war von dem vielen Gehen im Laufe des Tages sehr ermüdet, mich aber hinzusetzen, wenn das Volk stand – ging nicht. Auf der linken Seite der Solea, mir gegenüber, stand die Äbtissin Agnesa, die achtundachtzigjährige Greisin. Das tröstete mich. Wenn sie sich hinsetzt, dachte ich, würde auch ich mich hinsetzen. Als aber die Zeit voranschritt, mußte ich einsehen, daß ihr das nicht im entferntesten in den Sinn kam.

Ich schaute mir das buntgemischte Volk in der Kirche an: Überwiegend waren es Frauen, aber auch einige Männer; manche kamen vom Land, manche aus der Stadt. Im Hintergrund aber bemerkte man viele junge Menschen. Der große gemischte Chor auf der westlichen Galerie sang sehr feierlich. Die Gesänge füllten den Raum und die Herzen der Anwesenden. Als aber das Bittgebet zum hl. Wladimir angestimmt wurde, erreichte die Verzückung, mit der die Menschen beteten, ihren Höhepunkt. Die ganze Kirche schien von feengleichem Gesang verwandelt und zum Klingen gebracht worden zu sein. Der ständig wiederholte Refrain – „Heiliger Vater Wladimir, bete für uns zu Gott“ – trug noch zur Erhabenheit des Augenblicks bei. Nach dem Bittgebet begann die Ölsalbung. Die ganze Breite der Kirche ausfüllend, standen die Bischöfe und Priester vor der Solea, und das Volk zog an ihnen vorbei. Ergebenheit, Hingabe, Demut, Verzückung und alle Nuancen einer seligen und besonnenen Erregtheit spiegelten sich auf den Gesichtern der Gläubigen wider, während sie diese segensreiche Gabe der Kirche empfingen. Wie groß und stark war dieser urwüchsige Glaube des Volkes, im Unterschied zur Ideologie, die ihm seit Jahrzehnten durch die Macht der staatlichen Organe aufgezwungen wurde. Dieser Glaube im Volk wurde durch die geheimnisvolle göttliche Gnade entfacht, von der Kirche gepflegt, durch die Lebenserfahrung bestätigt – und all das war auf Liebe und Freiheit gegründet!

Die Ölsalbung dauerte lange. Ich bemerkte, wie Priester von der rechten und linken Galerie zurückkamen, wo ebenfalls mit Öl gesalbt worden war, und begriff, anhand der auffallend großen Zahl von Priestern, daß sich auf den Galerien nur die Hälfte weniger Volk befand als im Erdgeschoß der Kirche. Und wie viele noch draußen standen, hörten wir später von Iwan, unserem Fahrer.

Die Revolution der Babuschkas

Am nächsten Morgen brachen wir vor 9 Uhr erneut in die Kirche des hl. Wladimir auf. Es war Mittwoch, ein sowjetischer Arbeitstag wie jeder andere. Auf den Straßen sah man selten jemanden. Der Straßenverkehr war, verglichen mit westeuropäischen Städten, spärlich. Aber die Kirche war wieder voll: Überwiegend waren es russische Babuschkas. Nur sie waren frei, ganz und gar frei. Nicht nur zeitlich, sondern auch frei von allen gesellschaftlichen Pflichten. Sie hatten die Freiheit, alles zu sagen, sich frei zu bewegen und sich religiös zu engagieren. Sie hatten sich diese Freiheiten selbst gegeben, um dem russischen Leben die orthodoxe und nationale Tradition zu erhalten, aber doch vor allem, um im Namen des Volkes vor Gott zu treten und Seine große Gnade zu erbitten. Sie kannten sich in ihrer Arbeit gut aus. Sie waren weise und gelassen. Sie hatten das rohe Leben durchlitten und Lebenserfahrung gewonnen. Wie absurd: Die Gesellschaft hatte sie „abgeschrieben" und als unproduktive gesellschaftliche Elemente eingestuft, dabei waren sie in eben dieser Gesellschaft eigentlich die produktivsten, und zwar in den zwei Bereichen, die von vitalster Bedeutung für das Volk sind – in der Familie und in der Kirche. Über die Babuschkas und ihre Rolle seit der Revolution bis zur neuen, geistigen Revolution, die im Entstehen ist, werden sicher viele Bücher und Gedichte geschrieben werden. Das russische Volk und die russische Kirche werden ihnen in den neuen Geschichtsbüchern ihre wichtigsten Kapitel widmen. Das russische Leben atmet und leuchtet durch sie, so auch an diesem Tag. Ohne sie wäre die Kirche wie ausgestorben gewesen. Das ergreifendste aber war, daß viele ihre Enkel mitgebracht hatten, die noch im Vorschulalter waren. Die Kleinen standen ruhig und geduldig da.

Die Liturgie ging ihren gewohnten Gang. Die Bischöfe und die Priester im Altarraum und die alten russischen Frauen im Kirchenschiff sangen aus vollem Herzen und wie aus einer Kehle.

Während die Liturgen im Altarraum kommunizierten, hielt Metropolit Filaret eine kurze, aber aufrüttelnde Predigt über die Taufe. „Wer gerettet werden will, muß sich taufen lassen“, rief der Metropolit aus und erklärte dann den Sinn der Taufe: „Der Herr schickte die Apostel aus, das Evangelium zu verbreiten und das Volk im Namen des Vaters, des Sohnes und des Heiligen Geistes zu taufen. Durch die Taufe wird die unsichtbare Gnade des Heiligen Geistes empfangen. In der Handlung der Taufe wird durch das Untertauchen in Wasser der alte Mensch mit seinem sündigen Leben begraben. Aber die Taufe bewirkt auch die Auferstehung. Man stirbt der Sünde, um in Christus weiterzuleben – mit einem neuen Leben! Denn niemand kann den Menschen vor der Sünde retten als Gott. Die trinken und Unzucht treiben, möchten sich von ihren Lastern befreien, aber der Sklave kann das nicht aus eigener Kraft. Er braucht Gottes Hilfe, seine Gnade, die ihn ändert. Das hat sich in der Vergangenheit an unserem russischen Volk gezeigt. Vor der Taufe wurde viel getrunken, und man lebte in Sittenlosigkeit, wie heute auch. Als sich aber der Großfürst Wladimir taufen ließ und dann das ganze Volk taufte, nahm das Leben in unserem Land eine neue Entwicklung. Das russische Volk wurde eines der edelstgesinnten unter den Völkern dieser Erde. Wir leben heute so wie unsere Vorväter vor der Taufe. Der Glaube ist verlorengegangen, da wir aufgehört haben, der Sünde zu sterben; wir lassen uns nicht taufen, um in Christus leben zu können. Nur wenn wir unserem heiligen Fürsten und unseren getauften Vorvätern nachfolgen, wird unser Leben wieder voll des Friedens, der Freude und der Heiligkeit sein. Deshalb habt ihr, die ihr regelmäßig in dieses Gotteshaus kommt, die Verantwortung und die Pflicht, diejenigen in eurer Umgebung, die nicht getauft sind, von der Notwendigkeit der Taufe zu überzeugen."

Während ich die Menschen anschaute, verstärkte sich in mir der Eindruck, daß nicht ein Wort dieses Hirten „auf den Weg" oder „in die Dornen" gefallen war, sondern nur „auf guten Boden" . . .

Nach Beendigung der heiligen Liturgie fand ein Empfang in der Metropolie mit anschließendem Mittagessen statt. Der Metropolit saß mit drei Bischöfen, welche die Liturgie mitzelebriert hatten, am oberen Tischende, und wir und die anderen geladenen Gäste nahmen die übrigen Plätze ein. Der Metropolit strahlte Ruhe und Sanftmut aus. So hatte ich ihn auch bei einem Besuch auf dem Heiligen Berg erlebt. Nach beendetem Mittagessen richtete er einige warme Worte des Abschieds an uns und äußerte seine Anerkennung über den großen Beitrag, den der Heilige Berg für die Orthodoxie geleistet hatte und noch leistet. Danach sprach Bischof Nikodim in ergreifender Weise darüber, welchen Einfluß der Heilige Berg auf seine einstige Entscheidung gehabt hatte, Mönch zu werden, auch wenn er nie dort gewesen war. Schließlich überreichte uns der Metropolit wertvolle Gaben, und wir kehrten in unsere „Herberge" zurück.

Am Ort der Taufe Rußlands

Auf dem Nachmittagsprogramm stand der Besuch jener Stelle am Dnjepr, wo Großfürst Wladimir im Jahr 988 sein Volk getauft hatte. Auf einer kleinen Anhöhe in der Stadt angelangt, konnten wir die ganze Umgebung und unmittelbar zu unseren Füßen die Wasser dieses historischen Stromes überblicken. Dann stiegen wir zum Ufer hinab. Zwischen den hohen Bäumen, die hier standen, waren Wege angelegt worden, und die Einheimischen kamen in ihrer Freizeit hierher. In unmittelbarer Nähe des Ufers befand sich ein riesiges Denkmal. Es zeigte den Großfürsten Wladimir mit einem großen Kreuz, das aussah, als sei es in die (russische) Erde gerammt. Sowohl aus der Ferne als auch aus der Nähe wirkte es großartig und erhaben.

Der heutige Feiertag des hl. Wladimir wurde vom Staat ignoriert. Alles, was sich vor 1917 zugetragen hatte, gehört den „dunklen Zeitaltern" an. Das Volk aber wußte, welcher Tag heute war. Auf den Treppen am Fuße des Denkmals lagen viele frische Blumen. Besonders rührend wirkte ein Öllämpchen auf halber Höhe der Treppe. Eine fromme Seele hatte es in ein Einmachglas gestellt, damit es der Wind nicht auslöschen konnte.

Während wir am Ufer dieses russischen Jordan

entlanggingen, sahen wir viele Menschen. Die Arbeitszeit war um. Etwas Feierliches, das unsere Blicke fesselte, lag sowohl in ihrer Kleidung als auch in ihrer Stimmung. Das Ufer zog sie an, die Wasser des Dnjepr, das Denkmal, die Geschichte. Revolutionen können Umsturz und Veränderung bringen, die geistige Pulsader des Volkes können sie nicht zerreißen. Alle schauten uns mit Interesse an und gaben unseren Gruß diskret zurück. So erreichten wir schließlich das Denkmal des Unbekannten Helden. Wir bekreuzigten uns und blieben davor stehen. Auf Wunsch des Abts Awel hielten wir eine kurze Totenandacht. Die Menschen, die gerade vorbeikamen, blieben stehen, beobachteten uns bei dieser ungewöhnlichen kirchlichen Handlung an einem öffentlichen Ort und setzten dann, sicherlich zu verschiedensten Kommentaren angeregt, ihren Weg fort.

In der Nähe warteten unsere Fahrer, und wir machten uns auf den Rückweg. Zwei meiner Reisegefährten und ich hielten uns während unseres ganzen Aufenthalts in Kiew an unseren Fahrer Iwan. Auf dem Rückweg war unser Wagen der letzte. Als eine Fußgängerampel auf Rot zeigte, verloren wir die anderen. In der Annahme, daß sie direkt ins Hotel gefahren seien, kamen endlich auch wir dort an, doch waren sie nicht da. Sie kamen erst viel später, da sie wieder in der Kirche des hl. Wladimir beim Abendamt gewesen waren. Jetzt seien dort, erzählten sie, nur junge Leute gewesen. Sie hätten auch mehrere Soldaten und zwei Offiziere in der Kirche gesehen. Dieses ungewöhnliche Bild hatte sie erstaunt, und sie waren voller Geschichten über ihr Erlebnis.

In der kurzen Zeit, die uns noch geblieben war, aßen wir zu Abend und trafen unsere Reisevorbereitungen, um mit dem Zug zurück nach Moskau zu fahren.

Rückkehr nach Moskau

Als wir in der Hotelhalle, an der Rezeption, auf die Unterbringung warteten, erblickten wir plötzlich einige bekannte griechische Theologen. Von ihnen erfuhren wir, daß sich hier Vertreter aller orthodoxen Kirchen aufhalten, um Gespräche mit den Anglikanern zu führen. Alle zusammen bildeten eine Art Unterkommission, die sich an diesem Ort mit Fragen der Liturgie im Rahmen des anglikanisch-orthodoxen Dialogs befaßte. Diese Unterkommission sollte dann die Resultate der Hauptkommission für anglikanisch-orthodoxe Zusammenarbeit zur Einsicht unterbreiten. Ich überlegte, wer wohl aus Belgrad hier sein könnte. In diesem Augenblick rief jemand laut meinen Namen, kam auf mich zu und drückte seine große Verwunderung darüber aus, gerade mich hier an der Wiege des Kommunismus zu sehen, der ich wegen meiner antikommunistischen Haltung nicht einmal das eigene Land besuchte. Auf meine Antwort hin lachte er herzlich und umarmte mich brüderlich. Wir verabredeten für den Abend ein Treffen.

In der Redaktion des Journals des Moskauer Patriarchats

Unser Weg führte uns in die Redaktion des Journals des Moskauer Patriarchats. Sie war im Kloster Nowodewitsch untergebracht. Wir wurden von dem belesenen, bescheidenen und sehr imposanten Metropoliten von Wolokolamsk, Pitirim, mit großer Herzlichkeit empfangen. Ein richtiges Kloster gibt es hier nicht. In ihm wird nur eine Kirche benutzt, und auch das nur dann, wenn Bischöfe oder Priester hierher kommen, die einmal hier studiert haben, bevor die Geistliche Akademie in das Dreifaltigkeitskloster des hl. Sergij verlegt wurde.

Wir hatten ein spontan verlaufendes Gespräch mit dem Metropoliten. Er sprach über die Rolle des geschriebenen Wortes und das Bedürfnis danach, über die Missionsarbeit innerhalb der Kirche und wie begrenzt die Möglichkeiten dafür bei ihnen seien. Er erwähnte auch die Aufgabe der Photographie und reihte sie sogar, statt des Abschreibens von Büchern und der Ikonenmalerei, womit sich die Mönche früher beschäftigt hätten, in die mönchischen Beschäftigungen ein.

Im weiteren Verlauf des Gesprächs, das er frei und ungezwungen mit uns führte, fragte er, wie wir uns während des Besuches bei der russischen Kirche gefühlt hätten. Etwas bewegte mich dazu, für mich selbst zu sprechen, und ich sagte: „Der Frömmigkeit des russischen Volkes wohnt eine solche Kraft inne, daß ich während dieses Besuches eine neue Taufe erlebt habe.“ Der Metropolit schaute mich mit gespannter Aufmerksamkeit an und erwartete, daß ich noch etwas hinzufügen würde, doch meldeten sich andere aus der Gruppe mit Äußerungen zu Wort, die ebenfalls von außerordentlichen Erlebnissen zeugten.

„Ich bin orthodox!"

Unsere Rückkehr ins Hotel fiel genau mit der Abendessenszeit zusammen. Wir setzten uns an den Tisch, der seit unserer Ankunft für uns reserviert war, gleich am Eingang des großen Restaurants. Rechts von ihm stand, nahe der Wand, ein kleiner Tisch. Darauf hatte ich während des Mittagessens ein Schild mit der Aufschrift „Nur für Mitglieder des Obersten Sowjets" bemerkt, doch hatte mittags dort niemand gegessen. Jetzt aber saßen dort zwei Herren. Von meinem Platz aus konnte ich sie beobachten. Derjenige, der uns zugewandt saß, hatte sein Gesicht in beide Hände gestützt und sah seinen Gesprächspartner an.

Der andere, der mit dem Rücken zu uns saß, ein dicker, breitschultriger Mann mit großem Kopf, redete ununterbrochen und erweckte den Eindruck eines Menschen, der offensichtlich unter Alkohol stand. Da Grigorij neben mir saß, fragte ich ihn: „Wie das, dort steht doch, für wen der Tisch reserviert ist, statt dessen sitzen dort Betrunkene?" In diesem Augenblick ging einer der Kellner an uns vorbei, und Grigorij drehte sich nach ihm um und wiederholte, was ich gesagt hatte, worauf dieser meinte: „Aber sie sind doch vom Obersten Sowjet!" Grigorij verstummte, stand auf und ging zu jenem Tisch hinüber. Irgend etwas sagte er zu ihnen und kehrte dann zu seinem Platz zurück.

Wir hatten bereits die Vorspeise des vorgeschriebenen Menüs hinter uns und waren beim dritten oder vierten Gang, als sich jener Betrunkene unsicher vom Stuhl erhob und zu unserem Tisch kam. Er musterte uns, einen nach dem anderen, gestikulierte schwerfällig und rief dann mit rauher Stimme: „Nu, wir sind alle Brüder! Sehen Sie, drei, drei, drei!", indem er auf drei Finger seiner rechten Hand zeigte und dann noch hinzufügte: „Ich bin orthodox", und sich bekreuzigte, wie Russen es tun, von Schulter zu Schulter. Wir sahen ihn wortlos an. Er aber machte immer noch weiter: „Wir sind alle eins", und wieder „drei, drei, drei, ich bin orthodox". Und dann bekreuzigte er sich noch einmal. Wir schwiegen weiter und warteten. In diesem Augenblick rief ihn sein Kollege mit resoluter Stimme und zog ihn an den Tisch zurück. An seinem Platz angekommen, drehte er sich zum ganzen Restaurant um, das bis zum letzten Platz mit ausländischen Gästen vollbesetzt war, unter ihnen auch die anglikanisch-orthodoxe Unterkommission, und rief aus vollem Hals, während er sich bekreuzigte: „Ich bin orthodox!" Wir sahen ihn regungslos an. Ein Gedanke schoß mir durch den Kopf: Ja, der Russe ist entweder mit Gott oder gegen Gott, aber nie ohne Gott.

Grigorij schwitzte vor Wut. Ich bemerkte, er habe keinen Grund, sich zu ärgern, denn dieser Mann würde die Wahrheit sagen und sich zu seinem Glauben bekennen. Er erwiderte darauf bissig: „Ja, aber in betrunkenem Zustand!" Und ich antwortete ihm mit dem Sprichwort: „Was der Nüchterne denkt, spricht der Betrunkene aus." Er schwieg eine Weile und fügte dann mit leiser Stimme hinzu: „Übrigens hat er für unsere Kirche viel getan. Er hat erlaubt, daß die Bibel gedruckt wird." Er wollte noch etwas sagen, als er aber sah, daß unser Nachbar sich wieder vom Tisch erhob, eilte er dorthin. So blieb dieser auf seinem Platz sitzen. Das hieß, daß diese beiden Männer der staatlichen Behörde für Glaubensangelegenheiten angehörten und daß Grigorij sie offensichtlich von ihren dienstlichen Beziehungen her gut kannte, auch wenn er das am Anfang hatte verstecken wollen.

An unserem Tisch wurde leise gesprochen. Im ganzen Saal schwirrten viele Stimmen durcheinander. Die Kellner verrichteten hastig ihre Arbeit. Grigorij kam zurück an seinen Platz und fixierte Vater Awel, der am oberen Ende des Tisches saß. Kaum hatte er seinen Blick erhascht, gab er ihm ein Zeichen, das Abendessen zu beenden und aufzustehen, aber dieser widersetzte sich laut und sagte, wir wollten noch Tee trinken. Grigorij wurde nervös, er stand auf, ging zu ihm und flüsterte ihm etwas ins Ohr. Jener erhob sich, und wir mit ihm. Er sprach ein kurzes Dankgebet, machte das Kreuzzeichen über der Tafel, und wir setzten uns in Bewegung. Auch der betrunkene Bruder machte Anstalten, uns zu folgen. Grigorij hielt ihn zurück, und wir gingen weiter zum Stockwerk, wo sich unsere Zimmer befanden.

Ich eilte wieder in die Halle hinunter, um mich mit meinem Landsmann zu treffen. „Wie klein ist doch die Welt", sagte er, nachdem wir uns begrüßt hatten. Wir gingen in den Park, der vor dem Hotel lag. Ich erzählte ihm kurz von unserem zwanzigtägigen Besuch und er mir über den Verlauf des interkonfessionellen Dialogs. Er meinte, daß es schwer vorangehe. Die Anglikaner hätten, wie alle aus dem Westen, wenig Gefühl für die Kirche und noch weniger ein richtiges Verständnis von der Liturgie. Da ich in der Halle auch Vater Kalist Ware gesehen hatte, einen Engländer, der konvertiert und jetzt orthodoxer Mönch war – er übersetzte unsere Mystiker ins Englische, schrieb über das orthodoxe Leben und den orthodoxen Glauben und war zusätzlich Professor für Philosophie in Oxford –, fragte ich meinen Gesprächspartner, wie sich Vater Kalist verhalten würde, habe er doch seine Landsleute als Theologen aus dem „entgegengesetzten Lager" vor sich? „Er ist unsere rechte Hand im Dialog, nicht nur als gebildeter orthodoxer Theologe, sondern besonders als Sekretär unserer Kommission und Übersetzer vom Griechischen ins Englische. Aber im Zusammenhang mit ihm gibt es etwas, was besonders verwunderlich ist, nämlich, daß seine Landsleute ihn nicht als ‚Verräter' betrachten, sondern ihn als Orthodoxen schätzen und achten. Wenn doch die Beziehungen innerhalb der Orthodoxie, zwischen den Landeskirchen, annähernd von einer solchen Haltung geprägt wären, würde die Orthodoxie heute den allgemeinen christlichen Dialog anführen und nicht nur an ihm teilnehmen." Danach sprachen wir über vieles, was mit der Kirche und dem Kloster Chilandar im besonderen zu tun hatte. Es war spät, als wir uns trennten; beide waren wir von Freude über diese Begegnung erfüllt.

Warten auf die Auferstehung Rußlands

Heute, am 30. Juli, stand nichts Besonderes auf dem Programm. Allerdings war das „Abschiedsmahl" angesetzt, das für uns vom Moskauer Patriarchat im Palast-Hotel gegeben werden sollte. In der Zwischenzeit packten wir unsere Sachen, ordneten und reduzierten die Geschenke, die wir bekommen hatten. Die Hotelbediensteten waren auf so rührende Weise dankbar für alles, was wir ihnen an überschüssigen Gegenständen und Geld anboten.

Beim Mittagessen vertrat der Metropolit Juvenalij den Patriarchen Pimen. Zur Rechten des Metropoliten saß ein Mann in Zivil, der, wie sich später bei den Abschiedsworten des Metropoliten herausstellte, der Vertreter des Ministers für Glaubensangelegenheiten war. Welch merkwürdiges, wenn auch vermutlich unausweichliches Protokoll!

Die Anwesenheit des Metropoliten in unserer Mitte hatte etwas Erhebendes. Er hinterließ durch die Ruhe und Heiterkeit, die von ihm ausging, durch seine weiche Stimme und seine von Wärme erfüllten

Worte einen tiefen Eindruck bei uns. Alle leitenden Persönlichkeiten der russischen Kirche, die wir während unseres Besuches getroffen hatten, beeindruckten uns auf ähnliche Weise.

In seiner Rede sprach der Metropolit vom Heiligen Berg als der Mutter des russischen Mönchstums. Er unterstrich die traditionelle Liebe des russischen Volkes zu ihm und verwies uns auf unsere eigenen Erfahrungen, die wir im freien Kontakt mit dem Volk gewonnen hatten, Erfahrungen, die uns von dieser Tatsache überzeugen konnten. Er betonte, das russische Mönchstum sei immer der Grundpfeiler der russischen Kirche gewesen und würde es immer sein. Daran würden die Veränderungen, die in den letzten Jahrzehnten in Rußland begonnen hätten, nichts ändern. Er sprach über das russische Athos-Kloster des hl. Großmärtyrers Panteleimon, das durch Jahrhunderte das Licht Rußlands auf dem Heiligen Berg gewesen, doch in der letzten Zeit am Verlöschen sei. „Wir hier beten ununterbrochen zu Gott, er möge den Verantwortlichen in Griechenland guten Willen schenken, auf daß sie unseren Mönchen erlauben, dorthin zu gehen, und das Licht in unseren Tagen dort heller strahlen möge. Der Besuch, den ihr Athos-Mönche der russischen Kirche abgestattet habt, und die Tatsache, daß mit euch am Tisch die Delegation sitzt, die kurz nach euch anläßlich des Feiertages des Großmärtyrers Panteleimon auf dem Heiligen Berg eintreffen wird, geben uns die Hoffnung auf einen häufigeren und engeren Kontakt zwischen dem russischen Volk und dem Heiligen Berg."

Das reiche Abschiedsmahl ging erst spät zu Ende. Vor dem Palast-Hotel warteten unsere Fahrer, um uns ins Hotel zurückzubringen. Was mochten sie wohl heute Mittag gegessen haben? Wir alle aus der Gruppe empfanden diesen unüberbrückbaren Unterschied zwischen der einheimischen Bevölkerung und uns Ausländern.

Seltsame Empfindungen stiegen in mir auf, während die Zeit immer kürzer wurde, die uns vom Heiligen Berg trennte. Dieser Nachmittag noch, ein Abendessen, eine Nacht und am frühen Morgen die Heimkehr.

Ich saß im Hotelzimmer und blätterte in meinem Tagebuch. Ich las, einmal an der einen, einmal an der anderen Stelle, was ich in dieser Zeit geschrieben hatte. Mich bedrückte die Tatsache, wie dünn der Text, wie blaß und blutleer die Bilder waren. In der Erinnerung und besonders in den Gefühlen stellte sich das alles viel voller, differenzierter und farbiger dar. Was aber sollte ich tun? Es war nicht leicht, Rußland, seine Seele, sein Schicksal, seine Beziehung zum Himmel und zum Hades, seine Licht- und Schattenseiten vollständig zu erkennen, und noch schwerer, es umfassend zu beschreiben. Deshalb gab es einen Dostojewskij, einen Tolstoj, Puschkin, Gogol, Theophan den Klausner und andere Visionäre und große Schriftsteller, die Rußlands Leben, seine Menschen und seine geistige Gestalt, wie sie sich in der Kirche und in der Gesellschaft ausprägte, beschrieben haben.

Dieser Nachmittag im Hotel hatte etwas Leeres und Düsteres. Und das war gut so, sagte ich mir. Es hatte genug Programm und Bewegung gegeben, genug optische Eindrücke und Aktionen. So sollten denn diese Stunden, bevor ich Rußland verließ, ihm gehören, diesem Volk, das mir so viel gegeben hatte und dem ich so viel schuldete. So sollten wir zwei unseren Abschied allein begehen, unsere Nähe spüren, ich ihm meine Dankbarkeit anvertrauen. – An diesem Nachmittag im Hotelzimmer gab es erhabene Momente, während ich mit geschlossenen Augen dasaß und diesen Übergang von Rußland zum Heiligen Berg durchlebte, beider geistiges Antlitz, ihre Vergangenheit und Gegenwart und den matten Schimmer ihrer Zukunft in meinem Innern miteinander verband. Der Heilige Berg ist in den letzten Jahren in einer Erneuerung begriffen, er verjüngt sich. Aber seine volle geistige Erneuerung – wartet auf die Auferstehung Rußlands!

Der offizielle Abend mit den Würdenträgern aus dem Patriarchat, das Abendessen, das Verteilen zusätzlicher Geschenke für die Reise – alles war zu Ende gegangen. Wir saßen in unseren Zimmern, besuchten uns gegenseitig, boten denjenigen, die Platz in ihrem Koffer hatten, von dem an, was wir zuviel hatten, und neckten die Kinowiten, da sie kein Privateigentum besitzen dürfen. Wir nahmen uns diese „Freiheit" heraus, sahen aber dadurch, um wieviel angenehmer und wertvoller das Fehlen von persönlichem Besitz auf dem Heiligen Berg ist. Dort lebt man in der Freiheit von sich selbst, und das ist ein wertvolles Gut, welches man schwer erlangt, aber leicht verliert!

Das gläubige Rußland – ein Segen für den Heiligen Berg

Als ich wieder im Zimmer war, verlangte es mich nach einem Erfrischungsgetränk. Man sagte mir, die diensthabende Zimmerkellnerin sei nicht da, ich solle es mir an einem anderen Ort im Hotel holen. Wirklich, unsere Olga, die uns gestern abend während ihrer Schicht bedient hatte, war heute abend nicht an ihrem Arbeitsplatz, doch fand sich in der Nähe eine Putzfrau. Sie deutete auf einen Sessel in einem schlecht beleuchteten Winkel des Flures und sagte, daß Olga dort sitze – krank. Als ich meinen Wunsch äußerte, ging sie zum Kühlschrank und holte mir das Getränk.

Ich gab ihr einen Zehnrubelschein, sagte, sie solle den Rest behalten, und wollte gehen. Sie aber hielt mich zurück, denn sie hatte Bedenken, diese Summe anzunehmen, die, wie sie sagte, viel größer sei als der Preis für das Getränk. In diesem Augenblick erschien Olga. Sie war gelb im Gesicht, und ihre Augen waren voller Glanz und Schwermut. Mit langsamen Bewegungen nahm sie einen wertvollen Kugelschreiber aus einer Schublade, den ein „Westler" vergessen hatte. Sie hielt ihn mir mit so viel Innigkeit hin, daß ich nicht anders konnte, als ihn annehmen. Ich fragte sie, wie sie sich fühle. „Fast wäre ich gestorben", sagte sie, bekreuzigte sich dann und erwähnte die Muttergottes. Ich antwortete ihr, daß wir immer geistig wach sein müßten, da wir nicht wüßten, wann uns die Todesstunde schlägt. Sie lebte auf, und ihre Worte und Bewegungen bekräftigten, was ich gesagt hatte. Die andere tat es ihr gleich. Ich sagte, daß wir am Morgen auf den Heiligen Berg zurückkehren und ich mich von ihnen verabschieden wolle. Olga machte einen Schritt auf mich zu und erwiderte: „Wie glücklich wäre ich, wenn ich heute gestorben wäre. Ich hätte den Segen der Mönche vom Heiligen Berg bekommen, und sie hätten für meine Seele gebetet." In diesen Worten lag nicht das geringste Pathos, sie kamen von ganzem Herzen. Ihre Landsmännin stimmte dieser ergreifenden Äußerung zu, indem sie zu verstehen gab, daß auch sie so empfand. Ich war gerührt und wußte nicht, was weiter sagen. Ich verneigte mich leicht vor ihnen und kehrte in mein Zimmer zurück. Mein Gott, dachte ich, wie kommt es, daß dieses einfache Volk, das von allen Informationen abgeschnitten und der Freiheit beraubt ist, seine Geistigkeit und Kultur entwickeln zu können, das keinerlei Verbindung zur Außenwelt hat – so ein waches Bewußtsein und solch ein inniges Verhältnis zum Athos bewahren konnte?

Beide hatten mich angeschaut, als sei ich ihr leiblicher Bruder – und mehr als das! Das waren jene unergründlichen Fäden, mit denen die unsichtbare Wirklichkeit unser Leben durchwirkt. Hier gab es so viele erwachte Seelen, die der mystischen Natur des Heiligen Berges näher waren als viele Athos-Mönche, die dort leben.

Ich konnte meine Erregung nicht verbergen, als ich meinen Reisegefährten erzählte, was sich zugetragen hatte. Einer unter den Anwesenden zog alles überflüssige Geld heraus, und die anderen taten es ihm gleich. Ich wußte nicht, wieviel Geld ich in der Hand hielt, brachte es Olga und sagte, sie sollten es unter sich aufteilen. Sie zögerten, aber ich bat sie, es anzunehmen, da es nicht nur von mir, sondern von uns allen sei und wir ihnen diese Gabe mit dem Segen des Heiligen Berges übergeben. Sofort nahmen sie es in tiefer Erregung und Dankbarkeit an und bekreuzigten sich, während ich fortging.

Beim Abschied von Rußland hatte ich das Gefühl, daß wir neue Saat mit auf den Heiligen Berg, den Garten der Muttergottes, tragen, dem Boden entnommen, auf dem so viele heilige Menschen gelebt haben und noch leben, auf welchem viele Märtyrer einen unsterblichen Tod gestorben sind und heute noch sterben. Die Eigenschaften dieses neuen Samens sind inbrünstiges Gebet, aufopfernde Liebe, verzeihende Demut und von tiefer Begeisterung getragene Menschenliebe.